読解問題を解くポイント

文学的文章を解くときのポイント

❶ 場面をとらえる

- 場面の設定……いつ（時代・季節など）／場所／登場人物など
- 場面の状況（じょうきょう）……様子や出来事／出来事と登場人物とのかかわり

❷ 心情をとらえる

- 直接的な描写（びょうしゃ）……例うれしい・悲しい・〜し
- 人物の言動の描写……例彼（かれ）ははずんだ足取
- 情景描写……比喩（ひゆ）が表す内容や暗示的な

例見上げると、澄（す）んだ青空がどこまでも広がっ

❸ 登場人物の心情の変化をとらえる

- 変化のきっかけ……新しい出来事／新たな登場人物との出会い／情景の変化
- 変化の理由……人物のものの見方・考え方などと深くかかわっていることが多い。

説明的文章を解くときのポイント

❶ 文章の構成をとらえる

一般（いっぱん）的な構成

- 序論　書きだし ― 話題（問題）提示
- ▶本論　中心 ― 話題（問題）について理由や具体例を挙げて説明
- ▶結論　まとめ ― 筆者の意見・主張

❷ 文脈をとらえる

- 指示語……まず直前の部分（語句・文・段落）に注目。
- 接続語……前後の内容のつながりをとらえる。

❸ 段落の要点・要旨（ようし）をとらえる

- キーワード……文章中に、繰（く）り返し出てくる言葉。段落の中心話題をとらえる手がかりになる。
- 中心文……段落の中心になっている文。段落の初めか終わりに一文か二文でまとめてあることが多い。
- 事実と意見の区別……事実は具体例などに注目してとらえる。意見は文末表現に注意。

例〜と思う／〜ではないだろうか／〜しなければならない

- 要旨……筆者の意見・主張の中心的な事柄（ことがら）。結論の段落の内容を中心にまとめる。

押さえておきたい接続語

順接	だから・したがって
逆接	だが・しかし・ところが
並立・累加（るいか）	そして・また・しかも・そのうえ
対比・選択（せんたく）	それとも・あるいは・または
説明・補足	すなわち・つまり・例えば・なぜなら
転換（てんかん）	ところで・さて・では

No. 01

1 説明的文章

指示する語句／接続する語句

合格点：80点／100点

点

月　日

1 次の文章を読んで、あとの問いに答えなさい。

ぼくは一九九〇年代に八年ほどエジプトのカイロで暮らしたことがある。暮らしはじめるにあたって、アパートを探したり、生活に必要な日用品をそろえたりした。①そのたびに違和感をおぼえたのは、エジプトと日本の美的センスのちがいだった。

［A］、アパートの内装――。

外国人が借りるのは、ほとんどが家具付きのアパートだ。［B］、せっかく間取りや場所は気に入っても、置いてある家具になかなかなじめない。ヴェルサイユ宮殿からもってきたかのような猫足のテーブル、パーティー会場のようなシャンデリア、金色に塗られた派手な枠付きの鏡、ピンクに金の花柄をあしらったベッドなど、異様なゴージャス感にあふれているのだ。

電化製品も②そうだった。扇風機を買いに電気屋に行くと、店に並んでいる扇風機の羽の大半が金色である。ただでさえ暑いのに、金色の羽で送られてくる風なんて、いっそう暑苦しそうである。

妻が靴を買いに行っても、シンプルな黒の*パンプスがない。金色のラインが何本も入っていたり、金ぴかのチョウチョの飾りがくっついていたりする。③それがなければいいのにと彼女はいうのだが、エジプトの人にとっては、この金ぴかの飾りこそがチャームポイントなのである。

［C］、*シックなもの、シンプルなものというのは、ここでは趣味のよいものとは見なされない。金づくしプラス、ヴェルサイユ宮殿風の*ロココ趣味、それがエジプトでは美の条件と見られていたのだ。さすが、ツタンカーメンの黄金のマスクの国だけある。

（田中真知「美しいをさがす旅にでよう」〈白水社〉より）

＊パンプス…婦人靴の一種。　＊シック…上品でしゃれているさま。
＊ロココ趣味…18世紀頃、フランスで流行した、曲線を連ねた優雅な装飾を好む傾向。

(1) ——①「そのたび」の内容に合うものを次から一つ選び、記号で答えなさい。（20点）

ア　エジプトのカイロに行くたび。
イ　エジプトと日本の歴史を比べるたび。
ウ　エジプトでのアパート探しや買い物をするたび。
エ　エジプトで気に入ったものを見つけるたび。

（　　）

(2) □A・Bに入る語の組み合わせとして適切なものを次から一つ選び、記号で答えなさい。（15点）

ア　Aそして　Bあるいは
イ　Aたとえば　Bしかし
ウ　Aだから　Bしかも
エ　Aけれども　Bさて

（　　）

(3) ——②「そうだった」とあるが、どのような点が「そうだった」のか。次の□に当てはまる言葉を、文章中から十四字で書き抜きなさい。（25点）

・□□□□□□□□□□□□□□いた点。

(4) ——③「それ」の内容をまとめて表している六字の言葉を、文章中から書き抜きなさい。（25点）

□□□□□□

(5) □Cに当てはまる言葉とその働きの組み合わせとして適切なものを次から一つ選び、記号で答えなさい。（15点）

ア　しかし—逆接
イ　また—並立・累加
ウ　つまり—説明・補足
エ　では—話題の転換

（　　）

得点UP

❶ (2) A直前で挙げた「エジプトと日本の美的センスのちがい」についての具体的な説明を始める部分。
(4) 「それ」は直接には直前の文で挙げているものを指しているが、あとで「この〜」とまとめて示している。

START　GOAL

1 説明的文章

段落どうしの関係／段落の要点

合格点：80点／100点

点

月　日

1

次の文章を読んで、あとの問いに答えなさい。

1本を読むことは、よいことだ。たとえ、それが住居の貧困の反映であっても、個人が自由な想像力によって、それぞれの精神の個室をもつのはのぞましいことだ。じっさい、そもそも「個人」というのは、そういうふうにして成長してゆくものだからである。

2しかし、家庭のなかの書物というものを考えてみると、これはずいぶん、ふしぎな品物のような気がする。なぜなら、本は家庭の備品のひとつではありながら、結局のところ、個人にぞくするものであるからだ。家庭の本棚（だな）にならんでいる何十冊、あるいは何百冊の本の背表紙は、家族のみんなが毎日ながめているのに、その中身は、家族共有のものではないのである。その点で、家庭にある他のもろもろの備品と書物とは、性質がちがうのだ。

3それはそれでよい。ちょうど、個室をのぞきこまないことが礼儀（れいぎ）であるように、精神の個室ものぞきこまないほうがよいのかもしれぬ。お互（たが）い、好きな本を読んで、それぞれの世界をたのしめば、それでよい、というべきなのかもしれぬ。

4しかし、本は、いっぽうで個人にぞくするものでありながら、同時に、だれでもが入ることのできる個室、つまりホテルの部屋のような社会性ももっている。だれかが使用中であるかぎり、そこにふみこんではならないが、空室になったときには、だれが使ってもかまわない。（中略）

5そして、わたしは、そういう密室の交換（こうかん）がこれからの家庭ではたいへんだいじなことであるような気がする。

（中略）

6書物を交換する、というのは、じぶんの体験した異質の世界を見せあう、ということである。そして、だれにでも経験のあることだろうが、自分が読んでみて、ほんとうにいい本だ、と思った本は、ひとにも読ませたくなるものだ。読んでいるあいだは、完全にじぶんだけの世界だが、その世界に、じぶんの親しいひとをひきずりこんで経験を共有したくなるのである。そういう経験の交換が、家族のそれぞれの読書生活のなかでおこなわれるのは、すばらしいことだ。

（加藤秀俊（かとうひでとし）「暮（く）らしの思想」〈中央公論新社〉より・一部略）

(1) 1段落の中心となる内容を表した一文を書き抜きなさい。（20点）

（　　　）

(2) 2段落は何について書かれているか。適切なものを次から一つ選び、記号で答えなさい。（10点）

ア 家族共有のものとしての書物。　イ 家庭内における書物の特性。
ウ 個人のものである本の量。　エ 家庭にある備品の種類。

（　　　）

(3) 3・4段落それぞれの働きの説明に合うものを次から一つずつ選び、それぞれ記号で答えなさい。（10点×2）

ア 前の段落の内容の具体例を述べている。
イ 前の段落の内容を別の視点から述べている。
ウ 前の段落の内容への疑問を述べている。
エ 前の段落の内容の原因を述べている。
オ 前の段落の内容について肯定的に述べている。

3（　　　）　4（　　　）

(4) ——「精神の個室」とは、ここでは何を表しているか。適切なものを次から一つ選び、記号で答えなさい。（20点）

ア 本を読むために必要なその人だけの部屋。
イ 本を読むために各自がしなければならない心の準備。
ウ 本を読むことによって、個人的に得られるもの。
エ 本を読むことによってもたらされる心の悩み。

（　　　）

(5) 6段落での筆者の考えをまとめた次の文の□に当てはまる言葉を、それぞれ文章中から書き抜きなさい。（10点×3）

・自分が読んで[1]□□□□□□□□□と思った本を、[2]□□で交換することは、[3]□□□□□。

得点UP

❶ (1)段落の中心となる内容は、最初か最後に書かれていることが多い。
(4)この文章の話題の中心をとらえよう。

START　GOAL

No. 03

1 説明的文章

筆者の意見／理由と根拠

合格点：80点／100点　　月　　日　　点

1 次の文章を読んで、あとの問いに答えなさい。

1 日本人は完全な否定を言明することをためらい、つねにいくばくかの肯定の余地を残すのを美徳と考えるから、外国人とのあいだでしばしばトラブルが起きる。たいていの民族は、否定は否定、肯定は肯定と、それこそイエス、ノーをはっきりと区別している。否定だか肯定だかわからないと、いらいらし、勝手にどちらかにきめて行動する。すると日本人はびっくりして、じつはそうではないんです、などと訂正する破目になる。外国人のあいだで通念のようになっている日本人は不可解だというイメージは、①このような日本人の否定のあいまいさに大半を負うている。

2 そのいい例が「結構です」という慣用語であろう。この場合の「結構」というのは「申し分のない」「たいへんよい」という意味であるが、同時に拒絶の意志を表明する際にも用いられる。この場合は、「自分はこのまで充分満足しているので、これ以上は望みません」ということであり、「結構」本来の意味とけっして矛盾した表現ではないのだが、「いかがですか？」と何かをすすめられ、②「結構です」（ヴェリイ・グッド）といえば、外国人ははっきりとした肯定と受けとるにちがいない。

3 では、なぜ日本人はそのようなあいまいな否定の表現を使うのか。③きっぱりと断るのをよしとしないからだ。肯定とか否定とかいうのは、あくまで主体の意志や判断について言明されることなのであるが、日本人はその際にも相手とのかかわりあいで使い分けるのである。「結構」とは「充分に満足すべき状態」を意味し、したがって、それが相手のことがらについて用いられるときには「すばらしい」の意になり、自分について使うときには「充分満足しているのだから、これ以上は望まない」という婉曲な拒絶の意となる。だから「結構です」といえば「ノー」であり、「結構ですね」というと「イエス」となる。「結構ですね」と「ね」を加えると、それは □ についての言明になるからである。

（森本哲郎「日本語　表と裏」〈新潮文庫〉より）

(1) ――①「このような日本人の否定のあいまいさ」とあるが、日本人があいまいに否定する理由を筆者はどのように指摘(してき)しているか。同じ段落から四十五字で探して、初めと終わりの五字を書きなさい。（25点）

□□□□□～□□□□□

(2) ――①の「日本人の否定のあいまいさ」の例として「結構です」という言葉を挙げている理由として適切なものを次から一つ選び、記号で答えなさい。（15点）

ア 「申し分のない」というよい意味を表すのに最適な言葉だから。

イ 肯定の意味にも拒絶の意味にも使われる言葉だから。

ウ 本来の意味から離(はな)れた使い方のほうが多く使われる言葉だから。

エ 人との対話の中で便利に使われる言葉だから。

（　　）

(3) 筆者は、――②「結構です」を、ここでは日本人のどんな意志を表す例として挙げているのか。文章中の二字の言葉で答えなさい。（20点）

□□

(4) 筆者は、[3]段落で③「きっぱりと断るのをよしとしない」日本人について、肯定か否定かを伝える場面において何を基準に使い分けていると述べているのか。文章中の十字の言葉で答えなさい。（25点）

□□□□□□□□□□

(5) □に当てはまる言葉として適切なものを次から一つ選び、記号で答えなさい。（15点）

ア 自分　　**イ** 日本人

ウ 相手　　**エ** 外国人

（　　）

得点UP

❶ (1)理由を表す言い方に着目しよう。
(4)直後の文で説明している。

短歌・俳句を含む文章

合格点：80点／100点
月　日
点

1 次の短歌と鑑賞文を読んで、あとの問いに答えなさい。

母と焼く　パンのにおいの　香ばしき　真夏真昼の　①記憶閉ざさん
俵　万智

例えば中学生の夏休み。まだ時間が永遠に輝きつづけているように思えた午後。母親と一緒にパンを焼いた記憶。今も匂う、その香り。胸を焦がすような懐かしさ。

しかし、今はその懐かしさに引き止められてはならない。今はその記憶を②封印しなければならない。

捨てるとは言わない。捨てるにも捨てようがない。だから「閉ざす」。「閉ざす」とは、封じ込めるとは、実は永遠に保存することなのかも知れない。しかしたとえそうであっても、もう決してそれへ視線を向けるまい。

今は、懐かしいその記憶を振り切って、その先への一歩、人生の新しい段階への一歩を踏み出すべきとき——。

新しい段階が何であるか。それは読者の想像に任されています。ただ、それが何であれ、母親と共有した時間への甘美な懐かしさとは決して両立しないような、新しい経験へ向かっての一歩。③それをいま踏み出さなければ、自分は生きる意味を失うだろう。

今こそ、□のとき——。

後半の七七、まず初めの七でアクセントのある④〈マ〉音が二度つづけて繰り返され、後の七の冒頭、切り立った〈キ〉音で始まる「記憶」という言葉がそれを受け、更に「閉ざさん」と、〈ン〉の音で強く言い切る。その鋭いリズムは、作者が自分に誓う決意の強さ、鋭さです。

（柴田翔「詩への道しるべ」〈筑摩書房〉より）

(1) ——①「記憶」とあるが、どんな体験の記憶だと筆者は述べているか。「……記憶。」に続くように、鑑賞文の一つ目のまとまりの言葉を使って二十五字以内で書きなさい。（25点）

記憶。

(2) ——②「封印」を言い換えている五字の言葉を、——②よりあとの部分から探して書き抜きなさい。（15点）

(3) ——③「それ」が指している言葉を、文章中から十三字で書き抜きなさい。（15点）

(4) □に当てはまる言葉として適切なものを次から一つ選び、記号で答えなさい。（15点）

ア 保存　イ 想像
ウ 経験　エ 決意

（　）

(5) ——④「〈マ〉音が二度つづけて」とあるが、短歌では同じ漢字を使って表されている。その漢字を答えなさい。（10点）

(6) この短歌で、作者の心情が最も強く込められているのは、短歌の「五七五七七」の五句のうち、どの句か。短歌から書き抜きなさい。（20点）

（　）

得点UP

❶ (1)短歌の直後の部分で、記憶の内容について示している。条件字数内に収まるようにまとめよう。
(6)作者の強い思いが表れているところに注目しよう。

START　GOAL

No. 05

1 説明的文章

まとめテスト①

合格点：75点／100点　　点　　月　日

1 次の文章を読んで、あとの問いに答えなさい。

1 新しいことをするのだったら、学校がいちばん。年齢、性別に関係なく①そう考える。学ぶには、まず教えてくれる人が必要だ。これまでみんなそう思ってきた。学校は教える人と本を用意して待っている。②そこへ行くのが正統的だ、となるのである。

2 たしかに、学校教育を受けた人たちは社会で求める知識をある程度身につけている。世の中に知識を必要とする職業が多くなるにつれて、学校が重視されるようになるのは当然であろう。

3 いまの社会は、つよい学校信仰ともいうべきものをもっている。*全国の中学生の九十四パーセントまでが高校へ進学している。高校くらい出ておかなければ……と言う。

4 ③ところで、学校の生徒は、先生と教科書にひっぱられて勉強する。自学自習ということばこそあるけれども、独力で知識を得るのではない。いわばグライダーのようなものだ。自力では飛び上がることはできない。

5 グライダーと飛行機は遠くからみると、似ている。空を飛ぶのも同じで、グライダーが音もなく優雅に滑空しているさまは、飛行機よりもむしろ美しいくらいだ。ただ、悲しいかな、自力で飛ぶことができない。

6 a学校はグライダー人間の訓練所である。b飛行機人間はつくらない。グライダーの練習に、エンジンのついた飛行機などがまじっていては迷惑する。危険だ。学校では、ひっぱられるままに、どこへでもついて行く従順さが尊重される。c勝手に飛び上がったりするのは規律違反。たちまちチェックされる。dやがてそれぞれにグライダーらしくなって卒業する。

7 優等生はグライダーとして優秀なのである。④飛べそうではないか、ひとつ飛んでみろ、などと言われても困る。指導するものがあってのグライダーである。

（外山滋比古「思考の整理学」〈筑摩書房〉より）

＊全国の中学生の九十四パーセント…この文章は一九八三年に発表されたものである。

(1) ——①「そう」・——②「そこ」が指している内容を、文章中から①は一文、②は一語で書き抜きなさい。（15点×2）

①（　　　）

②（　　　）

(2) ——③「ところで」の働きとして適切なものを次から一つ選び、記号で答えなさい。（10点）

ア 累加（るいか）　イ 選択（せんたく）　ウ 転換（てんかん）　エ 説明

（　　　）

(3) 5段落の役割の説明として適切なものを次から一つ選び、記号で答えなさい。（15点）

ア 前段落の内容から転換して、新たな話題を提起している。
イ 前段落で否定したことについて、細かく立証している。
ウ 前段落で取り上げたものを別の角度から見ている。
エ 前段落の内容を受けて、補足説明をしている。

（　　　）

(4) 6段落の中心文を〰〰a〜dから一つ選び、記号で答えなさい。（10点）

（　　　）

(5) ——④「飛べそうではないか、ひとつ飛んでみろ、などと言われても困る。」とあるが、なぜ困るのか。4段落の言葉を使って二十字以内で説明しなさい。（句読点を含む。）（20点）

(6) この文章の構成として適切なものを次から一つ選び、記号で答えなさい。（15点）

ア 1 2／3 4 5／6 7
イ 1 2 3／4 5／6 7
ウ 1／2 3 4／5 6 7
エ 1 2 3 4／5 6／7

（　　　）

No. 06

1 説明的文章

まとめテスト②

合格点：75点／100点

月　日　　点

1 次の文章を読んで、あとの問いに答えなさい。

事実か意見かを確かめる便利な方法はあるのでしょうか。一つの基準として使えると思われるのが、「〜と思う」をつけてみるというテストです（「〜と思う」テストと呼びましょう）。「〜と思う」をつけてみて、意味が全く同じなら［A］、意味が違ってくるなら［B］と考えて大体よさそうです。例えば、次の二つの文は大体同じ意味だと言えるでしょう。

この本はおもしろい。

この本はおもしろいと思う。

一方、

この本は五〇〇円だ。

この本は五〇〇円だと思う。

は意味が少し違いますね。「五〇〇円だと思う」だと「五〇〇円以外」の場合もあり得るという意味になってしまうからです。

「〜と思う」というのは、個人的な情報ですよ、ということを明言する表現です。従って、もともと a個人的な意見の場合には「と思う」をつけても変わらないのに対し、b客観的な事実を問題にする情報の場合には、①その意味するところが変わってきます。

私たちが話をする場合、事実ならば受け入れなければなりませんが、意見は必ずしもそうではありません。［C］だからです。よく言われるように、人の話を聞くときに、「事実か意見か」に注意する必要があります。

②ただし、事実と意見というのは実は簡単に二つに分けられるものではありません。

というのは、ものにはとらえ方があるからです。例えば、ある人が話をしているとします。その場合に、その動きを「訴えている」「語っている」というのか「おしゃべりしている」というのか「雑談している」というのか、どういう言葉を使って表現するかで違いができてしまいます。（中略）最終的には「常識的」な判断ということに落ち着かざるを得ないのですが、この世の中のことを描写する場合には、何らかの「判断」が入ってしまうということは否定できません。

（森山卓郎「コミュニケーションの日本語」〈岩波書店〉より・一部略）

(1) □A・Bに当てはまる二字熟語を、文章中からそれぞれ書き抜きなさい。（10点×2）

A［　　］ B［　　］

(2) ——①「その」が指している言葉を「……の」の形の三字で答えなさい。（15点）

［　　　］

(3) □Cに当てはまる言葉として適切なものを次から一つ選び、記号で答えなさい。（10点）

ア 一般的な情報　イ 社会的な情報
ウ 表面的な情報　エ 個人的な情報
（　　）

(4) ——②「ただし」の働きとして最も適切なものを次から一つ選び、記号で答えなさい。（10点）

ア 順接　イ 逆接　ウ 説明・補足　エ 対比・選択
（　　）

(5) 次のア〜エをa「個人的な意見」とb「客観的な事実」に分け、それぞれ記号で答えなさい。（各完答15点×2）

ア 彼女はとても優しい。
イ 始業式は来週の月曜日だ。
ウ 市立中学校連合美術展は明日から始まる。
エ 彼の話はユーモアにあふれていて楽しい。

a（　　）
b（　　）

(6) この文章の内容に合うものを次から一つ選び、記号で答えなさい。（15点）

ア 情報は、事実であっても意見であっても、必ず受け入れるようにしたほうがよい。
イ 事実よりも、個人的な情報である意見のほうを尊重する場合が多いので、事実にもきちんと目を向けるべきだ。
ウ 情報には意見と事実とがあるが、事実はそれを描写する人の判断が入ることがあるので単純には二つに分けられない。
エ ものにはとらえ方の違いがあるので、ある人の意見を絶対的なものと考えることはできない。
（　　）

No. 07

1 説明的文章

まとめテスト③

合格点：75点／100点

点

月　日

1 次の文章を読んで、あとの問いに答えなさい。

四季の運行が一年ごとに繰り返されるように、一日ごとに昼と夜もまた繰り返される。時間は絶えず循環してとどまることなく、①それにしたがって自然の姿もまた変化する。春の曙の爽やかな美しさも、秋の夕暮れの美しい風景も、長くは続かない。時間の流れとともに移り変わる自然は、さまざまに変化するその姿を通じて、日本人の心のなかに、②美は移ろい易いもの、はかないものであり、それ故にいっそう貴重で、いっそう愛すべきものだという感覚を育て上げた。西欧世界においては、人体比例の美学の例に見られるように、ギリシャ以来美はある一定の基準を満たしているものという考え方が強く、そのかぎりで美は永遠不変であるが、日本人にとっては美とはむしろ時の流れとともに消え去りゆくもので、失われゆくものに対する愛惜の思いが、美意識の重要な要素のひとつとなっているのである。

A、俳句の世界に「行く春」という季語がある。これは文字通り、春が終わりに近づいてやがて夏を迎える季節という意味だが、しかし単に自然現象を述べただけではなく、日本人ならば誰でも、この一語のなかに去って行く春を B 痛切な思いがこめられていることを思わずにはいられない。それなればこそ芭蕉は、『奥の細道』において、長途の旅に出発するため親しい人々に別れを告げる場面に、

行く春や鳥啼き魚の目は泪

という一句を加えた。季節の運行を止めることはできない。同様に人の別れも避けられない。芭蕉は別れを惜しむ気持ちを鳥や魚に託し、さらに去り行く春の名残を惜しむ気持ちと重ねて歌い上げたのである。

（高階秀爾「移ろいの美学—四季と日本人の美意識」『日本の四季　春／夏』〈美術年鑑社〉より）

(1) ——①「それ」が指している内容として適切なものを次から一つ選び、記号で答えなさい。（10点）

ア　日々目的に向かって流れ行く人々。
イ　長くは続かない春の風景の美しさ。
ウ　循環してとどまることのない時間。
エ　日本人の心のなかにある自然の姿。

（　　）

(2) ——②「美は移ろい易いもの、はかないものであり、それ故にいっそう貴重で、いっそう愛すべきものだという感覚」という日本人の感覚は、何によって育ったと筆者は述べているか。文章中から十六字で書き抜きなさい。（15点）

□□□□□□□□□□□□□□□□

(3) ——②の美に対する日本人の感覚と対照的な西欧世界のとらえ方を、文章中から九字で書き抜きなさい。（15点）

□□□□□□□□□

(4) □Aに当てはまる言葉として適切なものを次から一つ選び、記号で答えなさい。（10点）

ア　だから　　イ　例えば　　ウ　また　　エ　けれども

（　　）

(5) □Bに当てはまる三字の言葉を、文章中から書き抜きなさい。（10点）

□□□

(6) 「行く春や」の俳句に使われている切れ字を書き抜きなさい。（10点）（　　）

(7) 次の「行く春や」の俳句の解釈について、□に当てはまる言葉を文章中から書き抜きなさい。（15点×2）

・去り行こうとする春への[1]□□の思いか、鳥の啼く声はうれいを帯び、魚の目も泪でうるんでいるようだ。そんな折、私も、親しい人々との[2]□□の悲しみをこらえて旅に出ようとしている。

No. 08

2 文学的文章

時・場所・登場人物の読み取り

合格点：80点／100点

点

月　日

1 次の文章を読んで、あとの問いに答えなさい。

江戸の深川に店を出す鮨職人の新吉は、より味のよい＊柿鮨を目指して日々努力を重ねていた。ある日、新吉が世話になっている武家から、家来の新兵衛が、＊女中とともに店を訪れた。主人から急な来客をもてなすために新吉の柿鮨を七折り用意するように言われたのだ。新吉の店では珍しく、柿鮨がまだ残っていた。

「①いい＊按配にてえのも、おかしな言い方になりやすが」

新吉は売れ残った二十折りの山を、新兵衛に見せた。新兵衛は＊怪訝そうな顔つきで、揺れている売切れ札を見た。

「②あれは、おれの見栄でやすから」

新吉が笑うと、新兵衛も目元をゆるめた。

「これでよけりゃあ、持ってってくだせえ」

「そいつは願ってもないが……」

新兵衛は顔つきを元に戻すと、言葉を□。相手の顔つきから、③なにが言いたいのかを新吉はすぐに察した。

「でえじょうぶでさ。いまの時季なら、一日おいたって傷むもんじゃありやせん」

手早くひとつの折詰を開いた新吉は、食べやすい大きさに切り分けた。それを新兵衛と、供の女中に味見させた。

新吉が調理したのは、四ツ半（午前十一時）前である。柿鮨は、折詰のなかでしっかりと＊熟れていたのだろう。酢飯にしいたけなどの具の味が染み込んで、格別の美味さが生まれていた。

（山本一力「銀しゃり」〈小学館〉より）

＊柿鮨…魚肉やしいたけなどを薄く切って酢飯の上に並べ、押し固めて四角に切った鮨。
＊女中…ここでは、大名などの屋敷に仕えた女性のこと。
＊按配…具合。　＊怪訝…理由や事情がわからず、不思議に思うこと。
＊熟れる…食べ物が発酵し、ちょうどよい味になる。

(1) ——①「いい按配」とあるが、ここではどういうことか。次の□□に当てはまる言葉を、文章中から五字で書き抜きなさい。（15点）

・ちょうど、□□□□□柿鮨があったこと。

(2) ——②「あれは、おれの見栄でやすから」とあるが、新吉のどんなことについて言っているのか。次から一つ選び、記号で答えなさい。（15点）

ア　自分の鮨の売れゆきのよさを、新兵衛に自慢していること。
イ　売切れ札を外し忘れたことを恥じて、新兵衛に言い訳をしていること。
ウ　本当は鮨が売れ残っているのに、店先に売切れ札を掛けていること。
エ　売れ残った鮨も間もなく売り切れになると確信していること。

（　　）

(3) □に当てはまる言葉を次から一つ選び、記号で答えなさい。（15点）

ア　挟んだ　イ　濁した　ウ　返した　エ　尽くした

（　　）

(4) ——③「なにが言いたいのかを新吉はすぐに察した」とあるが、新吉は、新兵衛がどんなことを思っていると察したのか。文章中の言葉を使って書きなさい。（20点）

（　　）

(5) 新兵衛たちが味見した柿鮨の味を表している六字の言葉を、文章中から書き抜きなさい。（15点）

□□□□□□

(6) 新吉の人物像として適切なものを次から一つ選び、記号で答えなさい。（20点）

ア　気が弱いくせに、それを隠そうとずうずうしく振る舞っている。
イ　見栄を張り過ぎて、鮨も見た目の美しさだけにこだわっている。
ウ　見栄っ張りなところもあるが、自分の鮨に自信をもっている。
エ　意地っ張りで、鮨に関しては他人の言うことを聞かない。

（　　）

得点UP

❶ (2)新兵衛が怪訝そうな顔つきをした理由とともに考えよう。
(4)すぐあとの、新兵衛に対する新吉の言葉の内容に目を向けよう。

No. 09

2 文学的文章

登場人物の気持ちの読み取り

合格点：80点／100点　　点

月　日

1 **次の文章を読んで、あとの問いに答えなさい。**

「枝田だったよな。俺、押野。昼飯食ったら、三丁目の空き地に来いよ。野球しようぜ」

肩を大きくはたかれそう言われて、ぼくは①反射的にぎくしゃくとうなずいた。自己紹介があった、五年生になりたての始業式の日のことだ。

なんで押野が突然ぼくに声をかけてくれたのか、ぼくにはさっぱりわからなかった。五年生のクラス替えではじめて一緒になったばかりだったし、自己紹介からして、ぼくとはまったく*正反対のタイプのような気がしていた。

ぼくの頭の中は、驚きと疑問でこんがらがっていたけど、それよりもただ単純にうれしかった。夢じゃないか、と思ったくらいに。

もしかして悪質ないじめかもしれない、という考えも少しだけ頭をかすめたけど、もしそうだったとしても、②それでもよかった。だってぼくは、だれかにいじめられることすら、これまでなかったんだから。ぼくはだれの目にも留まらない幽霊のような子どもだった。いじめられるほどの価値もなかったし、どういう状況においても、だれかにちょっかいを出されることすらないような③[　　]子どもだった。

その日、ぼくは足早にうちに帰って、押し入れからいそいでグローブを探し出した。ずっと前に近所の人からもらったやつだ。(中略)

ぼくは少しでもなじむように、グローブをつけたまま、炊飯器からご飯をよそい、味噌汁を温め、昼食をとった。さっきのクラスメイトからの言葉を思い出して、④尻がむずむずした。

（椰月美智子「しずかな日々」〈講談社〉より・一部略）

* 正反対のタイプ…始業式の日のクラスの自己紹介のとき、自分の名前と「よろしくお願いします」しか言えなかった「ぼく」に対し、押野はすらすらとユーモアたっぷりの自己紹介をしたことを指している。

(1) ——①「反射的にぎくしゃくとうなずいた」とあるが、「ぼく」が、このようになってしまったのはなぜか。次の□に当てはまる言葉を、文章中から五字で書き抜きなさい。（20点）

・押野が突然声をかけてきたことに対する［　　　　　］で、頭の中が混乱していたから。

(2) 押野が声をかけてくれたことに対して、「ぼく」はどんな気持ちだったか。次の□に当てはまる言葉を、文章中から六字で書き抜きなさい。（15点）

・すぐには信じられないくらい［　　　　　　］。

(3) ——②「それ」が指している内容を、文章中から六字で書き抜きなさい。（15点）

［　　　　　　］

(4) ——③「□子ども」が、二行前の「幽霊のような子ども」と同じような内容の表現になるように、□に当てはまる言葉を次から一つ選び、記号で答えなさい。（15点）

ア　影を落とした
イ　影が差す
ウ　影の薄い
エ　影を潜める

（　　）

(5) 「ぼく」が急いで自宅に戻ったことを表している言葉を、文章中から九字で書き抜きなさい。（15点）

［　　　　　　　　　］

(6) 「ぼく」が——④のようだったのはなぜだと考えられるか。次から一つ選び、記号で答えなさい。（20点）

ア　久しぶりにグローブを使うことに、ためらいを感じていたから。
イ　早く空き地に行かなければと、気があせっていたから。
ウ　簡単に押野の誘いにのってしまったことを、後悔していたから。
エ　昼食をゆっくりとれなかったことにいらついていたから。

（　　）

得点UP

❶ (4)〰〰の直前の「だれの目にも留まらない」とは、「存在感がない」ということ。
(6)「クラスメイトからの言葉」とは、文章の冒頭の押野の言葉であることに注目しよう。

No. 10

2 文学的文章

場面の展開の読み取り

合格点：80点／100点　　点　　月　日

1 次の文章を読んで、あとの問いに答えなさい。

貴子の高校では毎年歩行祭が行われている。夜中に数時間の仮眠を挟む二十四時間のコースで、前半の六十キロメートルがクラスごとの団体歩行。後半の二十キロメートルが個人単位の自由歩行になっている。朝、校庭を出発した貴子たちは、真夜中になってやっと団体歩行の終点に近づいていた。

学校は坂の上にある。仮眠所となるその学校の明かりが見えてきたものの、この進まない足では、なかなか①本体が近づいてこなかった。

それでも、ざわめきが徐々に近づいてくる気配がある。

いや、まだ聞こえてはいないのだけど、聞こえる予感だけは、②夜の上の方が白くなったのを目にした時からずっとあるのだ。

③みんながじりじりしているのが分かる。

もうすぐ、もうすぐ終点だ。今はまだ自由歩行のことなんか頭にない。再び走り出して、母校に辿り着かなければならないことなんか考えていない。

とにかく、もうすぐ終わる。歩かなくて済む。横になって休める。④その望みだけが、灯台のように遠くで輝いている。早くそこに着きたいのだが、足が動かないので、ぐっと飲み込み、終点へと繋がっている自分の足元を見下ろしながら前に身体を傾けるのだ。この道はあの場所に続いている。必ずこの道は終わる。

しかし、頭では分かっていても、身体はついに不満を［A］。

もう少しだ、もう少しだというけれど、ちっとも近づいてこないじゃないか。いったいいつになったら休ませてくれるんだ。さっきから騙してばっかり。いい加減になんとかしてくれ。でないと、ここでぶっ倒れてやる。

頭は必死に身体を［B］。

本当だ。今度こそ本当だ。今度こそ嘘じゃない。本当に、もうすぐあそこで横になって休めるんだ。だから、あと少しだけ我慢してくれ。

（恩田陸「夜のピクニック」〈新潮文庫〉より）

(1) ——①「本体」について具体的に表している十字の言葉を、文章中から書き抜きなさい。（20点）

□□□□□□□□□□

(2) ——②「夜の上の方が白くなった」とは、具体的にはどういう様子を表しているか。次の□に当てはまる言葉を、文章中から六字で書き抜きなさい。（20点）

・坂の上の□□□□□□によって、前方に広がる景色の上の方が白く見える様子。

(3) ——③「みんながじりじりしている」とあるが、それはなぜか。次から一つ選び、記号で答えなさい。（20点）

ア　終点が近づいているのに、またすぐ走り出さなければならないから。
イ　終点が近づいているのに、なかなかそこへ辿り着けないから。
ウ　終点が近づいているのに、すっかり真夜中になってしまったから。
エ　終点が近づいているはずなのに、全くその気配が感じられないから。

（　　）

(4) ——④「その望み」の内容が具体的にわかるひと続きの三文を探し、一つ目の文の初めの四字を書きなさい。（20点）

□□□□

(5) □A・Bに当てはまる言葉の組み合わせとして適切なものを次から一つ選び、記号で答えなさい。（20点）

ア　A蓄積（ちくせき）する　　B かばう
イ　A抱（かか）える　　B張る
ウ　A爆発（ばくはつ）させる　　B宥（なだ）める
エ　A解消する　　B損なう

（　　）

得点UP

❶ (3)「じりじりしている」は、だんだんいら立ってくる様子を表す言葉。
(5) A も B も、直後に続いている文章の内容が手がかりになる。

START　GOAL

No. 11

2 文学的文章

気持ちの変化の読み取り

合格点：80点／100点

点

月　日

1 次の文章を読んで、あとの問いに答えなさい。

「私」（高校一年）は吹奏楽部に入っている。同学年の四人の女子のうち、自分以外の三人は校内の寮に入っているので、練習が終わると一人になり寂しく思っていた。

校門からのゆるい坂道をくだりながら、ノリコ先輩が言った。

「綾香ちゃん、いっつも一人で帰ってたら寂しいんちゃう」

「え、いや、あ……はい」

そう答えたとき、①私はなんだか泣きそうになってしまった。実際、寂しくてしかたなかったのだけれど、こうして口に出してみると、余計に自分がみじめに感じてしまって。

こんなこと、平気で尋ねてくるノリコ先輩の無頓着さが、たまらなく嫌に思えた。

②「綾香ちゃんの気持ち、わかるわぁ、うち」

うんうん、うなずきながらノリコ先輩が言った。

何言うてんの。先輩たちの学年は、女子の自宅生は奈緒先輩と二人いてるくせに。（中略）

「うちも最初の頃ずーっと、誰も話し相手なく一人で帰ってたもんなぁ。真琴と恵美は寮生やし、奈緒は学校のまん前が自宅やったさかいに」

「あっ」

③うっかりしてた。奈緒先輩って寮生とほとんど変わらないくらい、家が学校と近かったんだ。

「（中略）もし良かったら、これからも一緒に帰れるよう、待っててくれたら嬉しいんやけど、あかんかな？」

つぶらな目を細めた人なつっこい笑顔で、私の顔をのぞきこんでくる。なんだか恥ずかしくて目をそらしてしまった。嬉しかったのに、先輩の意図を誤解していた罪悪感で、すぐにうなずくことができない。

（風野潮「モデラートで行こう♪」〈ポプラ社〉より・一部略）

(1) ——①「私はなんだか泣きそうになってしまった」とあるが、「私」がこのようになったのはなぜか。文章中の言葉を使って書きなさい。（15点）

（　　　　）

(2) 「私」は、初め、話しかけてきたノリコ先輩に対して、どのような気持ちになったのか。そのことがわかる十二字の言葉を書き抜きなさい。（15点）

□□□□□□□□□□□□

(3) ——②のノリコ先輩の言葉に対する「私」の反発の内容がわかるのはどこか。ひと続きの二文を探し、一つ目の文の初めの六字を書きなさい。（15点）

□□□□□□

(4) ——③「うっかりしてた。」とあるが、これは「私」がどんなことに気づいていなかったことを表しているのか。文章中の言葉を使って書きなさい。（15点）

（　　　　）

(5) ノリコ先輩は、「私」にどんなことを提案してきたのか。次の□に当てはまる言葉を、それぞれ文章中から書き抜きなさい。（10点×2）

・二人が□□□□□□□□に、「私」がノリコ先輩を□□□いること。

(6) 「私」のノリコ先輩に対する気持ちの変化の説明として適切なものを次から一つ選び、記号で答えなさい。（20点）

ア 野放図な態度にあきれていたが、その理由がわかり共鳴している。

イ 無神経さに腹を立てていたが、誤解だとわかり反省し感謝している。

ウ 押しつけがましさが嫌だったが、先輩だから仕方ないと諦めている。

エ 近寄りがたいと思っていたが、意外に親しみやすいと思い始めている。

（　　　　）

得点UP

❶ (2) どんなことに対して、どのような気持ちになったのかをとらえよう。
(6) 「私」の気持ちを表している部分と照らし合わせてみよう。

START　GOAL

筆者の体験・事実の読み取り

1 次の文章を読んで、あとの問いに答えなさい。

私が金沢に住んでいたころ、雪の降る深夜に*兼六園の道を歩いていると、闇のなかからビシッとかパキーンという鋭い音がきこえてきたものだった。ふり積んだ雪の重さのために園内の木々の枝が折れたり、裂けたりする音である。

①それを防ぐために、雪吊りをする。心柱を立て、その上から唐傘の骨のように縄を円錐形におろして枝を吊るのだ。(中略)

②さて、どんな枝に雪吊りをするか。

太い枝、細い枝はさして関係がない。強い枝でも雪吊りをする。要するに「しなる」ことが不得手な堅い枝に雪吊りが必要なのだ。

「しなる」とは「萎える」と意味が重なる。「しなう」枝は、雪の重さがかかってくると、抵抗せずに曲がる。屈する。そして「しなう」ことで折れない。ふり積む湿った雪の重さを□受けとめて、曲がることで雪をスルリと滑りおとし、またふわりともどることをくり返しながら春をまつ。

折れるのは細い枝、弱い枝ではない。堅い枝、しなうことが苦手な枝が折れる。どんなに太くとも、堅い枝は折れる。

しなうことは、「萎える」ことでもある。人の心がウツウツと屈するとき、その心は大きくしなり、曲がり、屈しているのだ。そして、③それによって折れることなく耐え続けるのである。

年間三万数千人の自殺者の数は、決して「弱い心」が折れたのではない。「固い心」が、ポッキリと折れたのだと私は思う。

④「萎えた心」「ウツウツたる気分」を抱えて生きる、そこに一億総ウツ時代に生きるヒントがありそうだ。

(五木寛之「遊行の門」〈徳間書店〉より・一部略)

* 兼六園…石川県金沢市にある日本庭園。日本三大名園の一つ。

(1) ——①「それ」は、どんなことを指しているか。次の□□に当てはまる言葉を、それぞれ文章中から書き抜きなさい。（10点×2）

・兼六園内の木々の枝が、□□□□で□□□□□□□□□□□□□□□□するこ
と。

(2) ——②「さて、どんな枝に雪吊りをするか。」の答えに当たる一文を探し、初めの四字を書きなさい。（15点）

□□□□

(3) □に当てはまる言葉を次から一つ選び、記号で答えなさい。（15点）

ア 力を込めて　イ しなやかに
ウ 慎重に　エ 重々しく

（　　）

(4) 筆者はこの文章で、何を何にたとえているか。□や□□に当てはまる言葉をそれぞれ文章中から書き抜きなさい。（完答15点）

・□□□を□にたとえている。

(5) ——③「それ」が指している内容を、「……こと。」に続くように、文章中の言葉を使って書きなさい。（15点）

・（　　　　　　　　）こと。

(6) ——④とあるが、筆者は、こうして生きることに、なぜ「一億総ウツ時代に生きるヒントがありそうだ。」と考えているのか。次の□□に当てはまる言葉を、文章中から十二字で書き抜きなさい。（20点）

・人の心が、□□□□□□□□□□□□ことができるから。

得点UP

❶ (4) 後半の三つの段落の内容に目を向けよう。人の何を話題にしているかをつかむ。
(6) 「萎えた心」「ウツウツたる気分」のとき、その心はどうなっていると説明しているかに注目しよう。

START　GOAL

No. 13

まとめテスト④

2 文学的文章

合格点：75点／100点　　点　　月　日

1 次の文章を読んで、あとの問いに答えなさい。

家業の高級織物店の主となった清助は、経営改革を目指して工場に機械を導入し、若い娘を多く雇い人件費を削減した。娘たちは近代的な工場で張り切って働いていたが、そのうち仕事ぶりに異変が生じる。清助は代表格の二人の娘に事情を聞く。

「では、何が不満なのだ？」

「①機械に使われていることです」（中略）

「機械に使われているのが面白くない？」

「そうです。ですから、みんなが考えている織物に対する気持ちがひとつも作られた物に反映されません」

「どういうことだ？」

②清助は座り直した。おみつとおたかの話が、意外と深い真実性を含んでいるような気がしたからだ。これは人の話に対する予感だ。こういうところが、学者商人といわれたかれの特性でもあった。（中略）

「書物に書かれていることも、いまの世に生きている人間の生き様を教える教科書なのだ」

と思っていた。だからおみつとおたかの口調の底に、容易ならざるものをかれは感じ取った。

おみつとおたかはこもごも話しはじめた。

「このお店では、確かにご主人のお気持ちによって、図案、糸染め、撚糸*、機織りなどに仕事が分担され、それぞれ自分がやりたいと思う仕事をやれるようになっています。それはたいへんうれしいことです。でも、全体の束ねをしているのは機械で、□ではありません。ですから、図案や糸染めや撚糸や機織りをする時にも、みんな頭の一部につねに機械を意識しています。機械の機嫌を損ねてはいけない、機械のやることを邪魔してはいけない、機械のやる通りにこっちの仕事を合わせよう、という具合になっています」

（童門冬二「学者商人と娘仕事人」『大江戸豪商伝』〈徳間書店〉より・一部略）

＊撚糸…何本かの糸などをねじり合わせて、一本にすること。

(1) ——①「機械に使われていること」とあるが、これによって、どうなることが不満なのか。次の□に当てはまる言葉を、それぞれ文章中から書き抜きなさい。（10点×2）

・娘たちが思っている□□□□□□□□□が、

製品に少しも□□されないこと。

(2) ——②「清助は座り直した。」とあるが、このときの清助の心情として適切なものを次から一つ選び、記号で答えなさい。（20点）

ア 二人の気持ちをくんで、優しい言葉をかけてやろうと思っている。

イ 二人の話に真剣に耳を傾ける必要があると思っている。

ウ 二人の話の内容がつかめず、面倒なことになったと思っている。

エ 二人の生意気な態度に腹を立て、対決しようと思っている。

（　　）

(3) 清助は、二人の娘の話の口ぶりに何を感じ取ったのか。文章中から八字で書き抜きなさい。（20点）

□□□□□□□□

(4) □に当てはまる、「機械」に対比される二字の言葉を、この会話文よりも前から探して書き抜きなさい。（20点）

□□

(5) この場面からわかる清助の人物像に当てはまるものを次から一つ選び、記号で答えなさい。（20点）

ア 高級織物店の経営者として、何よりも店の利益を重視している。

イ 機械のように、物事をすべて能率的に進めていこうとしている。

ウ 苦労知らずで、他人の苦しみや悲しみなどにはうとい。

エ 物事を論理的に考えようとするが、人の心にも敏感である。

（　　）

No. 14

2 文学的文章

まとめテスト⑤

合格点：75点／100点

月　日　点

1 次の文章を読んで、あとの問いに答えなさい。

高校の部活で少し遅くなった「僕」は、帰りの電車の中で父の姿を見つけた。しかし、無口な父とは家でもあまり話をすることがないので、声をかけなかった。次の駅で乗ってきたおばあさんが席をゆずってくれないかとばかり車内を移動し、父の前まで来た。「僕」は父も他の乗客と同じようにやりすごすのではないかと思った。

ところが父は、［　］逃げるような感じで席を立ってしまった。おばあさんと目を合わせることもなく、何もいわずにドアの前に立った。停車しかかっている次の駅で降りるという態度だった。でも父は次の駅で降りるはずはなかった。家のある駅はまだずっと先だった。そう思ったけど、父は次の駅で降りてしまった。その駅で用事があっただけで、わざわざ席をゆずるために立ったのではなかったのだ。

①そうだろうなと思った。恥ずかしがり屋の父は、大勢の乗客の前でおばあさんに席をゆずる度胸なんかあるはずがなかった。

やがて家のある駅に到着して電車を降りた。びっくりした。改札へ向かうホームの先を、トボトボという感じで歩いている父の後ろ姿が目に入った。すぐに僕は納得した。父はおばあさんに席をゆずったと思われるのが照れくさくて、それにおばあさんから礼をいわれるのが恥ずかしくて、それで②降りるふりをして隣の車両に乗りなおしたのだ。

そう思ったとたん、

「父さん！」

と父に③声をかけてしまった。（中略）

父が振り向いた。驚いたようにキョトンとした。

「一緒に帰ろう」

僕はいった。

「ああ」

父がうれしそうに笑った。

（川上健一「電車」『yes―お父さんにラブソング―』〈PHP研究所〉より・一部略）

(1) □に入る言葉として適切なものを次から一つ選び、記号で答えなさい。（10点）

ア はらはらと　イ だらだらと
ウ すごすごと　エ とつとつと

（　　）

(2) ——①「そうだろうなと思った。」とあるが、「そう」が指す内容が書かれている一文を探し、初めの四字を書きなさい。（15点）

□□□□

(3) 「父」の性格を直接的に表している言葉を、文章中から七字で書き抜きなさい。（15点）

□□□□□□□

(4) 電車を降りた「僕」がびっくりしたのはなぜか。次の□に当てはまる言葉を、文章中から五字で書き抜きなさい。（15点）

・ホームの先に、□□□□□を見つけたから。

(5) ——②「降りるふりをして隣の車両に乗りなおしたのだ」とあるが、父のこの行動の理由について、「僕」はどのように推測しているか。そのことがわかる言葉を、文章中からそれぞれ六字で、二つ書き抜きなさい。（15点×2）

□□□□□□・□□□□□□

(6) ——③「声をかけてしまった」とあるが、このときの「僕」の心情として適切なものを次から一つ選び、記号で答えなさい。（15点）

ア 父の普段の姿からは予想できない大胆な行動に、誇らしさを覚えている。
イ 父らしい善意の行動を目の当たりにして、親愛の情を抱いている。
ウ 父にふさわしい立派な振る舞いに、尊敬の気持ちがわいている。
エ 父らしくないおどけた行動に対して、とまどいを感じている。

（　　）

No. 15

2 文学的文章

まとめテスト⑥

合格点：75点／100点

点

月　日

1 次の文章を読んで、あとの問いに答えなさい。

中学入学前の春、北斗は父昇平の自動車の伴走で、東京から大阪まで自転車で一日百キロずつ走るという冒険を計画する。初日はトラブルが続き、翌朝北斗は寝坊する。出発前、昇平は、日暮れまでに今日のゴールに着けるかを北斗に尋ねる。

一日目の疲れが残っている上、寝坊で走れる時間も短くなっていることを思えば、①とても完走はできそうにない。一日目のコースを走り抜いた北斗にはそれがよく分かっているはずだった。

だからだろうか。北斗はじっと下唇を噛みしめて、自分から口を開こうとはしない。根比べみたいな沈黙が続いた後、昇平は優しく語りかけた。

「俺たちはどっちも、少し冒険ってもんを甘く見てたんじゃないかな」

北斗が視線を上げた。昇平の口調にかえって②不穏なものを感じたようだ。

「北斗は宇宙まで走るって目標は果たしたけど、その後の疲れを甘く見てたから寝坊した。それに野宿ってもんを甘く見てたから自転車泥棒にもあったし、危ない真似まですることになった」

北斗が何か言い返そうとする。昇平はその前に自分の□も認めた。

「父さんがスピード違反やら何やらで遅れたのも、サポートカーってもんを甘く見てたからだ。北斗の冒険を認めて手伝おうって思ったくせに、熱海まで走るだけでもこんなに疲れが残るってことを読みきれてなかったのも、考えが甘かったと思うよ」

「…………」

③「だからさ、冒険を諦めるんじゃなくて、再チャレンジってことにしないか？」

「再チャレンジ？」

「そう。態勢を立て直すんだ。もっとしっかり準備して、絶対走りきれるぞってくらい鍛えてから、もう一度今回のコースに挑めばいいじゃないか」

（竹内真「自転車冒険記　12歳の助走」〈河出書房新社〉より）

(1) ——①「とても完走はできそうにない」の原因としてどんなことが挙げられているか。文章中の言葉を使い、二つに分けて書きなさい。（15点×2）

・（　　　　）

・（　　　　）

(2) 北斗が、——①のことをわかっていながらそれを素直に認めたくないと思っていることは、どんな様子からわかるか。その様子を表している一文を探し、初めの六字を書きなさい。（15点）

□□□□□□

(3) ——②「不穏なもの」とあるが、北斗は、昇平が何を言い出すと思ったのか。次の□□に当てはまる言葉を、文章中から二字で書き抜きなさい。（15点）

・□□をここでやめようということ。

(4) □に入る適切な言葉を次から一つ選び、記号で答えなさい。（10点）

ア　やり方　　　イ　言い分

ウ　落ち度　　　エ　存在感

（　　）

(5) ——③の昇平の提案について、答えなさい。（15点×2）

㋐　昇平の提案の内容を、文章中から六字で書き抜きなさい。

□□□□□□

㋑　昇平は、㋐のために具体的にどうすることが必要だと考えているのか。文章中の言葉を使って書きなさい。

（　　　　）

まとめテスト⑦

合格点：75点／100点

点

月　日

1 次の文章を読んで、あとの問いに答えなさい。

筆者は、子供の頃、旅館の主の父が作る*出汁巻きの味に魅せられ、自分でも試みるが何度も失敗する。ある日、父が用意してくれた大量の卵を使って作り始めるが上手くいかない。その様子を見ていた父は、毎日ひとつだけ作れと言う。

それまでの私には大量に用意された卵を前に、失敗すれば次を作ればよいという[　]な気持ちがどこかにあった。それが一日ひとつと限定されたことによって一回きりの真剣勝負とならざるをえなかった。日々、卵を前に身の引き締まるのを覚えた。

（中略）

結局、合計何日間出汁巻きを作り続けたのかはっきりとは覚えていない。ただある日を境にひとつの変化が起きた。自分の手の動きのぎこちなさがふっと消えたように思えたのだ。①それが妙に客観的に見えるようになった。（中略）

「でけたか？」

②振り向くとそこに父が立っていた。

私は無言でうなずく。

「見してみ」

私は父がいつも私にそうするように、出汁巻きを巻いた簾を開き、包丁ですっと湯気の立つ出汁巻きの端を切り落とし、父に差し出す。

父はひょいとそれを口に放りこむ。

いつも自分が作った出汁巻きを味見するやり方だ。

「ようでけちょる」

父は簾の上にある出汁巻きに目を落とし、ひとことそう言った。

「出汁巻きっちゅうもんはこげいでなきゃいかん」

父はそんな言葉を残し台所を出て行った。いつもの素っ気ない態度だった。だが私は父が去ったあとの台所で③小躍りしたい気分を抑えていた。

（藤原新也「名前のない花」〈東京書籍〉より・一部略）

* 出汁巻き…溶き卵に出汁を入れて焼いたもの。

(1) □に入る言葉として適切なものを次から一つ選び、記号で答えなさい。（15点）

ア 率直　イ 愚直（ぐちょく）

ウ 安直　エ 実直

（　　）

(2) 父に一日ひとつと限定されてからの筆者は、出汁巻き作りに対してどんな気持ちを抱（いだ）くようになったか。そのことがわかる一文を探し、初めの五字を書きなさい。（15点）

□□□□□

(3) ――①「それ」は、何を指しているか。文章中から七字で書き抜（ぬ）きなさい。（15点）

□□□□□□□

(4) ――②「振り向くとそこに父が立っていた。」とあるが、このあとの父の一連の行動の様子について、どんな言葉で表現しているか。文章中から十一字で書き抜きなさい。（15点）

□□□□□□□□□□□

(5) 筆者が――③のような気分になったのはなぜか。三十字以内で書きなさい。（20点）

□□□□□□□□□□□□□□□
□□□□□□□□□□□□□□□

(6) 筆者は、出汁巻き作りの体験を通して、物事をするうえでどのようなことが大切だと気づいたのか。次の□に当てはまる言葉を、文章中から四字で書き抜きなさい。（20点）

・一回一回、□□□□で臨むことが大切だということ。

No. 17

詩

3 詩歌

合格点：80点／100点

点

月　日

1 次の詩を読んで、あとの問いに答えなさい。

空の川

阪田寛夫

この川のはじまりはどこ？
リュックかついでさがしに行った
道はけわしい谷間になった
谷間はやがて岩の壁となり
壁には霧が降りてきて
川のはじまりを見失う
その時ごらん！　霧が晴れ
尾根の上にかっきり深い青空
川のはじまりは空だった

この川のおわりはどこ？
そいつはわけもないことだ
堤防の道をぶらぶら行けば
テトラポッドにかみつく波
白く散らばるかもめたち

川のはじまりは空
川のおわりは海
けれどもある日
海から雲が噴き上がる
そのあざやかな雲の峰を
いまさかのぼる空の川

（阪田寛夫「阪田寛夫全詩集」〈理論社〉より）

(1) 第一連の1行目「この川のはじまりはどこ?」と対句になっている一行を、第二連の中から書き抜きなさい。（14点）

（　　　　）

(2) 第三連で対句になっている二行を探し、行の番号で答えなさい。（完答14点）

・（　　）行目と（　　）行目。

(3) 11行目「そいつはわけもないことだ」とあるが、これはどういうことを表しているか。次から一つ選び、記号で答えなさい。（15点）

ア 空のはじまりは川だと決まっているということ。

イ 川のおわりを見つけるには旅に出るべきだということ。

ウ 空のはじまりも川のはじまりも同じだということ。

エ 川のおわりは海なのだといずれわかるということ。

（　　）

(4) 8・13・14・20行目に共通して使われている表現技法を四字で答えなさい。（14点）

□□□□

(5) 13行目「テトラポッドにかみつく波」とあるが、①この行に使われている表現技法は何か、②どんな様子を表しているかを次からそれぞれ選び、記号で答えなさい。（14点×2）

① **ア** 直喩　**イ** 隠喩　**ウ** 擬人法　（　　）

② **ア** テトラポッドに柔らかくまとわりつく様子。

イ テトラポッドに激しくぶつかっていく様子。

ウ テトラポッドに行き着いてはじき返される様子。

エ テトラポッドの隙間まで入り込んでいく様子。

（　　）

(6) 空に始まり、海で終わった川が、再び空に向かって流れていく様子を発見した感動が象徴的に表されている言葉を探し、詩の中から三字で書き抜きなさい。（15点）

□□□

得点UP

❶ (1)・(2)対句とは、同じ構成で、よく似た語句や対照的な語句を並べる技法。
(5)詩では、様子をほかのものにたとえて印象を強める比喩表現を用いることが多い。

START　GOAL

No. 18

短歌／俳句

3 詩歌

合格点：80点／100点　　点　　月　日

1 **次の短歌を読んで、あとの問いに答えなさい。**

A　砂原と空と寄り合ふ九十九里の磯行く人ら蟻のごとしも　伊藤左千夫

B　この山はたださうさうと音すなり松に松の風椎に椎の風　北原白秋

C　列車にて遠く見ている向日葵は少年のふる帽子のごとし　寺山修司

D　枯れ野踏みて帰り来たれる子を抱き何かわからぬものも抱きよす　今井恵子

(1) 定型で詠まれている短歌をA～Dから一つ選び、記号で答えなさい。（5点）

(　　)

(2) 体言止めの短歌をA～Dから一つ選び、記号で答えなさい。（5点）

(　　)

(3) 三句切れの短歌を、A～Dから一つ選び、記号で答えなさい。（5点）

(　　)

(4) 比喩が使われているA・Cの短歌は、何を何にたとえているか。それぞれ短歌の中の言葉で答えなさい。（5点×4）

A (　　)を(　　)に。

C (　　)を(　　)に。

(5) A～Dの短歌のうち、自分の気持ちや感覚を中心に詠んだものを一つ選び、記号で答えなさい。（5点）

(　　)

2 次の俳句を読んで、あとの問いに答えなさい。

A 刈るほどに山風のたつ晩稲かな　飯田蛇笏

B うれしげに犬の走るや麦の秋　正岡子規

C ゆさゆさと大枝ゆるる桜かな　村上鬼城

D まだもののかたちに雪の積もりをり　片山由美子

E まっすぐな道でさみしい　種田山頭火

(1) A～Dの俳句から、それぞれ季語を書き抜きなさい。また、その季節を□に漢字一字で書きなさい。（4点×8）

A（　　　）・□　B（　　　）・□

C（　　　）・□　D（　　　）・□

(2) A～Dの俳句から、切れ字を二つ書き抜きなさい。ただし、同じものは一度答えればよい。（5点×2）

（　　　）・（　　　）

(3) Dの鑑賞文として当てはまるものを次から選び、記号で答えなさい。（6点）

ア 「もののかたち」がわからないほどに雪が降り積もっている様子を、「の」を多用することによって柔らかく表現している。

イ 「もののかたち」がどうにかわかるくらいに雪が降り積もっている様子を、ひらがなの多用で柔らかく表現している。

ウ 「もののかたち」がわかるくらいにしか雪が降り積もっていないことを嘆く気持ちを、冒頭の「まだ」で表現している。

（　　　）

(4) Eの俳句について、次の問いに答えなさい。（6点×2）

① Eのように定型ではない自由な音律の俳句を何というか。漢字五字で答えなさい。

□□□□□

② Eのように季語のない俳句を何というか。漢字四字で答えなさい。

□□□□

得点UP

❶ (5)見たままの情景だけでなく、自分の気持ちや感覚を詠み込んだ短歌もある。

❷ (1)B「麦の秋」とは、麦が収穫を迎えて黄金色に輝く様子を表している。

No. 19

4 古文

古文の基礎知識

合格点：80点／100点

月　日　　点

1 **次の古語を現代仮名遣いに直して、すべて平仮名で書きなさい。**（4点×6）

(1) おはす（　　）　(2) こほり（　　）

(3) ゐろり（　　）　(4) しづく（　　）

(5) つゑ（　　）　(6) だうぐ（　　）

2 **次の文を現代仮名遣いに直して、すべて平仮名で書きなさい。**（5点×3）

(1) 言ふべきやふなし

（　　）

(2) まどひてぐわん*立てけり

＊ぐわん…願い

（　　）

(3) *をりからの思ひかけぬ心地して

＊をりから…ちょうどそのとき

（　　）

3 **次の——の語の意味として、適切なものをあとから一つずつ選び、それぞれ記号で答えなさい。**（5点×3）

(1) いとうらやまし。

ア 少し　イ とても

ウ 何となく　エ なぜか

（　　）

(2) かきつばたいとおもしろく咲きたり。

ア おかしく　イ にぎやかに

ウ 趣深く　エ 高貴に

（　　）

(3) 道方の少納言、琵琶、いとめでたし。

ア すばらしい　イ 珍しい

ウ 喜ばしい　エ 似つかわしい

（　　）

4 次の問いに答えなさい。

(1) 文中の□に当てはまる言葉をあとからそれぞれ選び、記号で答えなさい。（6点×2）

① 「山までは見ず。」とぞ言ひ□。（　　）

② 龍は鳴る神の類いにこそあり□。（　　）

ア けり（終止形）

イ ける（連体形）

ウ けれ（已然形）

(2) (1)の①・②の文のように、文中に「ぞ」「こそ」などの助詞がある場合、文末は特定の活用形を用いる。㋐こうした法則を何というか。また、㋑「ぞ」「こそ」などを何というか。それぞれ答えなさい。（7点×2）

㋐（　　）　㋑（　　）

5 次の各文の（　）の部分に省略されている助詞を、平仮名一字で書き入れなさい。（5点×4）

(1) 竹取の翁といふものの（　）ありけり。

(2) いと寒きに、火など（　）急ぎおこして、炭（　）もて渡るもいとつきづきし。

(3) 馬の口（　）とらへて老いを迎ふる者は、日々旅にして旅をすみかとす。

得点UP

❹ (2)「ぞ」「こそ」のほか、「なむ」「や」「か」がある。

❺ 古文は現代文に比べて助詞が省略されることが多い。

No. 20

4 古文

古文（主語／指し示す言葉）

合格点：80点／100点　　点　　月　日

1 次の古文を読んで、あとの問いに答えなさい。

今は昔、親に孝する者ありけり①（孝行する）。朝夕に木をこりて（切って）、親を養ふ(ウ)。孝養の心(A)、空に知られぬ（天にいる神に通じた）。*梶もなき舟に乗りて、むかひの島(a)に行くに、②朝には南の風吹きて、北の島に吹きつけつ③（吹きつけた）。夕には、また舟に木をこり入れてゐたりければ④（切って積んでいると）(イ)、北の風吹きて、家に吹きつけつ。かくのごとく(B)するほどに、年ごろになりて（長い年月が過ぎて）、おほやけにきこしめして(b)（朝廷でもこのことをお聞きになって）、大臣になして（任命して）、召し使はる(ア)（召し使われた）。その名を(C)*鄭大尉とぞいひける(イ)。

（「宇治拾遺物語」より）

* 梶…舟をこぐ道具。
* 鄭大尉…中国の後漢時代の人。「大尉」は官職の名前。

(1) 〜〜a・bを現代仮名遣いに直して、すべて平仮名で書きなさい。（10点×2）

a（　　　）　b（　　　）

(2) ＝A「孝養の心」の下に省略されている助詞を、平仮名一字で答えなさい。（12点）

（　　　）

(3) ──①〜④の中には、主語がほかとは異なるものが一つある。その番号を答えなさい。（12点）

（　　　）

(4) ——①～④のうち、三つに共通する主語を古文の中から書き抜きなさい。（12点）

（　　　　）

(5) ══B「かくのごとく」とは「このように」という意味だが、どのようなことを指しているか。適切なものを次から一つ選び、記号で答えなさい。（12点）

ア 朝夕に木を切って親を養うことで、子どもに孝養の心が養われていったということ。

イ 舟をこぐ道具もないのに舟が水の中を進むことができるほど、神に愛されていたということ。

ウ 風を自在に操って毎日あちこちの島に出かけたことで、多くの財産を築けたということ。

エ 毎日舟に乗ってあちこちの島に出かけ、木を切って積んで家まで持ち帰り、生活の糧（かて）にしていたということ。

（　　）

(6) ══C「その名」とは、だれの名前のことか。適切なものを次から一つ選び、記号で答えなさい。（12点）

ア 親を養う孝養の心をもつ者を大臣に指名した者。

イ 評判を聞いた朝廷から大臣に指名された者。

ウ 朝廷から大臣に指名されて長い年月仕えた者。

エ 鄭大尉が認めて大臣として指名した者。

（　　）

(7) この古文の中から、㋐係りの助詞と、㋑結びの言葉を探して、それぞれ字数に合うように書き抜きなさい。（10点×2）

㋐ □

㋑ □□

得点UP

❶ (4) 一度登場した人物は、最初にだけ主語が示され、その後は省略されることがある。
(5)「かくのごとく」は、前の話題を指して述べるときに使う言葉である。

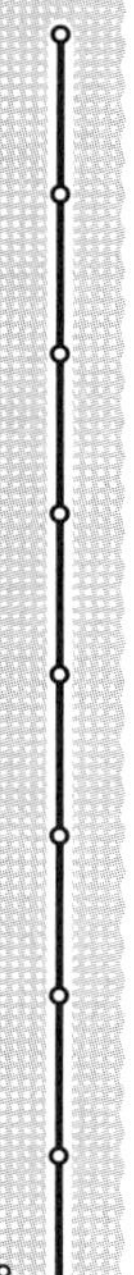

No. 21

4 古文

和歌／古典俳句

合格点：80点／100点

点

月　日

1 次の和歌を読んで、あとの問いに答えなさい。

A　あかねさす紫野行き標野行き野守*は見ずや君が袖振る　額田王

B　多摩川にさらす手作りさらさらに何ぞこの児のここだ愛しき　東歌

C　人はいさ心も知らずふるさと*は花*ぞ昔の香ににほひける　紀貫之

D　道の辺に清水流るる柳かげ*しばしとてこそ立ち止まりつれ　西行法師

E　秋来ぬと目にはさやか*に見えねども風の音にぞおどろかれぬる*　藤原敏行

＊野守…野を守る番人。　＊ふるさと…ここでは、かつて来た場所を指す。
＊花…ここでは、梅の花のこと。　＊柳かげ…柳の木陰。
＊さやかに…はっきりと。　＊おどろかれぬる…はっと気づかされることだ。

(1) Aの和歌から枕詞を、Bの和歌から序詞を書き抜きなさい。（5点×2）

A（　　）B（　　）

(2) C・Dの和歌は何句切れか。次からそれぞれ選び、記号で答えなさい。（6点×2）

ア　初句切れ　イ　二句切れ　ウ　三句切れ
エ　四句切れ　オ　句切れなし

C（　　）D（　　）

(3) Cの和歌では、どんなことを対比してうたっているか。次の文の□に当てはまる言葉を、それぞれ三字で答えなさい。（6点×2）

・［①］は変わりやすいが、［②］は昔と変わらず香っているということ。

①□□□　②□□□

(4) E——「おどろかれぬる」とあるが、何によってどんなことに気づいたのか。次の文の□に当てはまる言葉を、三字と四字で答えなさい。（6点×2）

・［①］によって、［②］ことに気づいた。

①□□□　②□□□□

(5) 次の説明に当てはまる和歌集をあとから一つ選び、記号で答えなさい。（5点）

・現存する最古の和歌集で、率直で力強く素朴な歌風。さまざまな階層の人が詠んだ歌が収められ、大伴家持が編集にかかわったとされる。

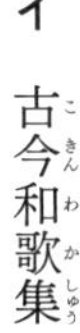

ア 万葉集　イ 古今和歌集　ウ 新古今和歌集

（　　）

2 次の俳句を読んで、あとの問いに答えなさい。

A 古池や蛙(カワズ)飛びこむ水の音　松尾芭蕉

B 荒海や佐渡に横たふ(ウ)天の川　松尾芭蕉

C 菜の花や月は東に日は西に　与謝蕪村

D 五月雨や大河を前に家二軒　与謝蕪村

E 名月をとつ(ッ)てくれろと泣く子かな　小林一茶

F ともかくもあなたまかせの年の暮れ　小林一茶

(1) A～Fの俳句から季語を書き抜きなさい。また、その季節を□に漢字で書きなさい。（2点×12）

A（　　）・□　B（　　）・□

C（　　）・□　D（　　）・□

E（　　）・□　F（　　）・□

(2) A～Fの俳句のうち、句切れのない俳句を二つ選び、記号で答えなさい。（5点×2）

（　　）・（　　）

(3) ①松尾芭蕉、②与謝蕪村、③小林一茶について、作品名と作風をそれぞれあとから選び、記号で答えなさい。（5点×3）

ア 「おらが春」―庶民的　イ 「おくのほそ道」―蕉風

ウ 「新花摘」―絵画的

①（　　）　②（　　）　③（　　）

memo

1 (5)「万葉集」「古今和歌集」「新古今和歌集」は三大和歌集とよばれる。

2 (3)松尾芭蕉・与謝蕪村・小林一茶は三大俳人とよばれる。

START　GOAL

まとめテスト⑧

1 次の古文を読んで、あとの問いに答えなさい。（10点×10）

今は昔、高忠といひ(ア)ける越前守*の時に、いみじく不合(たいそう貧しかった侍で)なりける侍の、
夜昼まめなる(誠実な侍が)が、冬なれど帷*一つをなむ着たりける。雪のいみじく(たいそう)
降る日、この侍の浄す(掃除をする)とて、物のつきたるやうにふるふ(何かにとりつかれたように震えるのを)を①見て、
守*、「歌よめ。a をかしう降る雪かな。」といへ(エ)ば、この侍、
「何を題にて仕るべきぞ。(お詠みしましょうか)」と申せば、「裸*なるよしをいひ(イ)てよめ。」
といふに、②(ウ)程もなく(間もなく)b ふるふこゑをささげて(張り上げて詠み上げる)よみあぐ。
はだかなるわが身にかかる白雪はうちふるへども消えせざりけり(消えないことです)
とよみければ、守いみじくほめて、着たりける衣(着物)をぬぎてとらす(与えた)。北の方(守の妻)
c もあはれがりて、薄色(薄紫色)の衣の、いみじう香ばしき(よい香りがする着物)をとらせたりければ、
二つながら③とりて、かいわぐみて(丸め込んで)、脇にはさみて立ち去りぬ。
侍*に行きたりければ、居なみたる侍ども(居並んでいる侍たち)見て、驚き怪しがりて尋ねけるに、
かくと(このことを)聞きて、あさましがりけり(驚くほど感心した)。

（「古本説話集」より）

＊越前守…現在の福井県の北東部にあたる越前国の長官。
＊帷…裏地をつけない衣服。主に夏に着る。
＊守…ここでは、「越前守」のこと。
＊裸なるよし…ここでは、重ねて着るものがないということ。
＊侍…ここでは、侍たちが控えている詰め所のこと。

(1) a〜cを現代仮名遣いに直して書きなさい。

a（　　　）　b（　　　）
c（　　　）

(2) ——①〜③の主語を次から選び、記号で答えなさい。

ア 高忠　イ 侍　ウ 北の方　エ 居なみたる侍ども

①（　　）②（　　）③（　　）

(3) ═「居なみたる侍ども見て」について、次の問いに答えなさい。

㋐ 「侍ども」の下に省略されている助詞を答えなさい。（　　）

㋑ 「見て」とは、何を見たのか。次から適切なものを一つ選び、記号で答えなさい。

ア 侍が越前守に歌を詠めと命じられているところ。
イ 侍が越前守とその妻にとても褒められたところ。
ウ 侍が冬で寒いのに夏物の帷しか着ていないところ。
エ 侍が越前守とその妻からもらった衣を持っているところ。

（　　）

(4) この古文の中から係り結びになっている箇所を探し、㋐係りの助詞と㋑結びの言葉を、それぞれ二字で書き抜きなさい。

㋐ □□　㋑ □□

故事成語

1 次の漢文（書き下し文）を読んで、あとの問いに答えなさい。

楚に＊祀る者有り。其の＊舎人に＊卮酒を＊賜ふ。舎人相謂ひ(イ)ていは(ウ)く、

「数人①之を飲まば足らず、一人之を飲まば余り有らん。

＊請ふ地にゑがきて蛇を為り、A先づ成る者酒を飲まん。」と。

一人の蛇、先づ成る。酒を引きてまさに飲まんとす。

＊すなはち左手に卮を持ち、右手に蛇をゑがきていはく、

「吾＊能く②これが足を為さん。」と。③いまだ成らざるに、一人の蛇成る。

其の卮を奪ひていはく、「蛇はもとより足なし。

子いづくんぞ能く之が足を為さん。」と。

④遂に其の酒を飲む。蛇の足を為る者、B終に其の酒を亡ふ。（「戦国策」より）

＊ 祀る者…祭りをつかさどる者。
＊ 舎人…門人。
＊ 卮…約八リットルが入る大きさのさかずき。
＊ 賜ふ…お与えになる。
＊ 請ふ…「どうだろうか」とあることを持ちかける意味合いで使われている。
＊ すなはち…そこで。そういうわけで。
＊ 能く…～できる。

(1) ――A「先づ成る者酒を飲まん」、B「終に其の酒を亡ふ」という書き下し文に従って、次の白文に送り仮名と返り点を付けなさい。（13点×2）

A 先 成 者 飲 酒

B 終 亡 其 酒

(2) ――①「之」、――②「これ」の指し示すものを、それぞれ漢字一字で書きなさい。（13点×2）

① □　② □

(3) ――③「いまだ成らざる」とあるが、何が終わっていないのか。（16点）

・（　　　　　　　　）を描き終えること。

(4) ――④「遂に其の酒を飲む」とあるが、酒を飲んだのはだれか。適切なものを次から一つ選び、記号で答えなさい。（16点）

ア 楚で祭りをつかさどる者。
イ 最初に蛇の絵を仕上げた者。
ウ 二番目に蛇の絵を仕上げた者。

（　　）

(5) この故事から生まれた「蛇足」という言葉の使い方として適切なものを次から一つ選び、記号で答えなさい。（16点）

ア 旅行に出かけるときには、不足があったら困ると思っていろいろ荷物に詰め込んでしまうが、蛇足として役に立つ。
イ スープの味付けが今一つだったので、塩・料理酒・こしょうのほか、酢も蛇足で加えてみたところ、うまく味がまとまった。
ウ 自分の意見の正当性を伝えようとして、反対意見に対して批判を加えてしまったが、あれは蛇足だった。
エ なるべく細かい情報まで蛇足で加えることで、わかりやすい調査報告になったと評価された。

（　　）

得点UP

❶ (1)白文とは元の漢文のこと。返り点にはレ点や一・二点がある。
(2)現代文や古文に限らず、漢文でも指示語の指し示す内容が問われることがある。

No. 24

5 漢文

漢詩

合格点：80点／100点

月　日　　点

1 次の書き下し文と漢詩を読んで、あとの問いに答えなさい。

【書き下し文】

春望（しゅんぼう）　　杜甫（とほ）

*国（くに）破（やぶ）れて山河（さんが）在（あ）り
*城（しろ）春（はる）にして草木（そうもく）深（ふか）し
時（とき）に感（かん）じては花（はな）にも涙（なみだ）を濺（そそ）ぎ
別（わか）れを恨（うら）んでは鳥（とり）にも心（こころ）を驚（おどろ）かす
烽火（ほうか）*三月（さんげつ）に連（つら）なり
*家書（かしょ）万金（ばんきん）に抵（あた）る
白頭（はくとう）掻（か）けば更（さら）に短（みじか）く
*渾（す）べて簪（しん）に勝（た）へざらんと欲（ほっ）す

【漢詩】

国破レテ山河在リ
城春ニシテ草木深シ
A 感ジテハ時ニ花ニモ濺ギ涙ヲ
恨ンデハ別レヲ鳥ニモ驚カス心ヲ
烽火連ナリ三月ニ
B 家書抵タル万金ニ
白頭掻ケバ更ニ短ク
渾ベテ欲ス不ラント勝ヘ簪ニ

＊国破れて…中国の首都の長安（ちょうあん）が反乱のために破壊（はかい）されて。
＊城…城壁（じょうへき）に囲まれた町。ここでは長安の町を指す。
＊三月…三か月。または、何か月もの長い間。
＊家書…家族からの手紙。
＊渾べて簪に勝へざらんと欲す…（髪（かみ）の毛が抜（ぬ）けて短くなり）かんざしで冠（かんむり）を留めることもできないほどになっている。

(1) この漢詩の形式を何というか。適切なものを次から一つ選び、記号で答えなさい。（15点）

ア 五言絶句　イ 五言律詩
ウ 七言絶句　エ 七言律詩

（　　）

(2) この漢詩で、韻を踏んでいる字（同じ響きの字）を四つ探して、【漢詩】の中に○をつけなさい。（5点×4）

(3) 【書き下し文】を参考にして、══Aに返り点を、══Bに送り仮名を付けなさい。（15点×2）

A（　感ジテハ　時ニ　花ニモ　濺ギ　涙ヲ　）

B（　家　書　抵ニ　万　金一　）

(4) この漢詩には、対句になっているところが三か所あるが、そのうち、戦争と自然の対比をうたっているのは、第何句と第何句か。漢数字で答えなさい。（10点×2）

・第□句と第□句

(5) ――「白頭掻けば更に短く／渾べて簪に勝へざらんと欲す」で、作者はどんな気持ちを述べようとしているか。適切なものを次から一つ選び、記号で答えなさい。（15点）

ア 今は離れ離れで手紙でしか交流できていない故郷の家族と、また一緒に楽しく暮らしたいという願い。

イ 国が戦争に敗れたことを嘆くだけではなく、乱れた世の中を立て直していこうという決意。

ウ 国の乱れや家族との別離を前に、なすすべもないまま老いてゆく我が身に対する嘆き。

エ 人の世の秩序を乱す戦争の悲惨さを、世の中の人々に強く訴えたいという思い。

（　　）

得点UP

❶ (1)漢詩の定型詩は、句数（行数）と一句の字数によって分類される。
(2)特定の位置に同じ韻の字を置くことで、詩のリズムを整える技法を押韻という。

START　GOAL

合格点：80点／100点　点　月　日

❶ 次の書き下し文と漢文を読んで、あとの問いに答えなさい。

【書き下し文A】

子曰はく、「学びて時に之を習ふ、①亦説ばしからずや。
朋遠方より来たる有り、②亦楽しからずや。
人知らずして③慍みず、亦君子ならずや。」と。

【漢文A】

子*曰、「学而時習之、不*亦説乎。
有朋*自遠方来、不亦楽乎。
人*不知而不慍、不亦君子乎。」

* 子…先生。ここでは、孔子のこと。
* 不亦〜乎…「なんと〜ではないか」と相手の同意を求める言い方。
* 朋…同じ先生の元で学ぶ友のこと。ここでは志を同じくする友の意味も含む。
* 人不知…「人」は世間の人々、あるいは君主など政治を行う者。「不知」は自分の学問を認めてもらえず、重要な地位に取り立ててもらえないこと。

【書き下し文B】

子曰はく、「［　］④則ち罔し、思ひて学ばざれば⑤則ち殆し。」と。

【漢文B】

子曰、「学而不思則罔*、思而不学則殆*。」

* 罔…＝物事の道理を明確につかむことはできない。
* 殆…（独断に陥って）危険である。

(1) A「学而時習之」に、【書き下し文】の読み方になるように送り仮名と返り点を付けなさい。（10点）

（　学　而　時　習　之　）

(2) B「学而不思」を、［　］に当てはまるように書き下し文にしなさい。（10点）

（　　　　　　　　　）

(3)　＝＝A「学 而 時 習 之」、＝＝B「学 而 不 思」の「而」のように、訓読するときに読まない字のことを何というか。三字で答えなさい。（12点）

□□□

(4)　――①「亦説ばしからずや」、②「亦楽しからずや」とあるが、それぞれどんなことに対して「うれしい」「楽しい」と述べているのか。次の文の（　）に当てはまる言葉を書きなさい。（10点×2）

①（　　　　　）を繰り返して復習すること。

②（　　　　　）と学問の話をすること。

(5)　――③「慍みず」について、次の問いに答えなさい。（12点×2）

㋐　どんなことに対して不満を抱かないのか。適切なものを次から一つ選び、記号で答えなさい。

ア　世間の人々が自分の地位を守ろうとすること。
イ　世間の人々の多くが重要な地位に就いていること。
ウ　世間の人々が自分の学問を理解しないこと。
エ　世間の人々が自分の評判に関心がないこと。

（　　）

㋑　㋐のような不満を抱かない人物を何とよんでいるか。漢字二字で答えなさい。

□□

(6)　――④「罔し」、⑤「殆し」とあるが、それぞれどんなことに対して述べているか。適切なものを次からそれぞれ選び、記号で答えなさい。（12点×2）

ア　自分で考えるだけで広く学ぶことをしないこと。
イ　人から学ぶばかりで自分で考えることをしないこと。

④（　　）　⑤（　　）

得点UP

❶ (3)「訓読」とは漢文に訓点を補って読むこと。
(5)漢文の内容の把握には、注釈まできちんと目を通すことが欠かせない。

No. 26

総復習テスト①

目標時間：20分
合格点：75点／100点
点
月　日

1 次の文章を読んで、あとの問いに答えなさい。

1 里山はけっして自然そのものではない。①それは自然と人間のせめぎあいの産物なのである。もしこのことを忘れると、人間は徹底した自然と徹底した人工とを求めることになりはしないだろうか？　それは何か非現実的で不自然なことになってしまうような気がしてくる。

2 地球上で徹底した自然というのは、地震とか噴火とか暴風、大雨などのように、人間にとって恐ろしいものであることが多い。人間はそれを求めてはいないし、美しいものとも思っていない。

3 一方、人間は人工物を徹底的に発達させ、その利便さを享受している。

4 それはそれでよいのだし、それが人間の偉大さでもあるのだが、人々はそこに一抹の不安をも感じている。その反動が自然礼賛の気持ちの源であることも否めない。どうやら人間は、何か②両極端の間をさ迷っているのではないだろうか？

5 そんなふうに思ってみると、里山というのは意味ぶかいものである。それは繰り返して言うとおり、里山が自然と人間のせめぎあいの産物だからである。

（中略）

6 庭は自分の思うようにしつらえ、道も交通も管理する。子どもの遊び場までもきちんとしつらえ、人工の遊具を設置する。都市は計画的に作られ、建物もできるだけ自動化する。こうして能う限り利便性に富み、安全な人工的環境ができあがる。けれどたえず報道されるとおり、そこにはさまざまなそして予見しがたい危険が絶えないのだ。

7 [　] の結果として生まれた里山は、これとはかなり異なっている。

8 それはそれほど利便性に富んだものではない。けれどそこでは何らかの安らぎを感じることができる。③危険はないことはない。早い話がうっかりすれば蚊やときには蜂に刺される。子どもが木に登って遊んでいれば、落ちることもあろう。けれどその危険の多くは、人工的遊具の場合と違って予見できる。（中略）

9 自然を追い払ってすべてを人工的に管理することより、身のまわりに自然とのせめぎあいの場を残した人里に生きるほうが楽しいのではなかろうか。

（日高敏隆「セミたちと温暖化」〈新潮社〉より・一部略）

(1) ——①「それ」が指している二字の言葉を、文章中から書き抜きなさい。（10点）

□□

(2) 4段落は3段落に対してどんな関係にあるか。適切なものを次から一つ選び、記号で答えなさい。（10点）

ア 3段落で示した状況を認めつつ、筆者の考えを提示している。

イ 3段落の状況に対し、理由を示しつつ反対意見を主張している。

ウ 3段落で示した状況に即して、さらに具体例を列挙して補足している。

エ 3段落で示した状況を離れて、別の新たな話題について紹介している。

（　　）

(3) ——②「両極端の間」とは何と何の間のことか。それぞれ六字の言葉を文章中から書き抜きなさい。（15点×2）

□□□□□□と□□□□□□の間。

(4) 次の文章はどの段落の前に入るのが適切か。段落番号で答えなさい。（10点）

・人間は雨露をしのぎ、できるだけ快適に暮らすために、自然の一部を破壊して家を建て、町を作る。家や町の中に自然が入り込んできてほしくない。そこで人間は自分のまわりを管理する。

（　　）

(5) □には「人間と自然の（　　）」という語句が入る。（　　）に当てはまる言葉を、文章中から書き抜きなさい。（15点）

（　　　　　）

(6) ——③「危険にないことにない。」とあるが、人工的な環境と比べて里山の危険はどういうものだと筆者は述べているか。□に当てはまる言葉を、文章中から五字で書き抜きなさい。（10点）

□□□□□もの。

(7) 筆者の主張がまとめて示してある一文を探して、初めの五字を書きなさい。（15点）

□□□□□

START GOAL

No. 27

総復習テスト②

目標時間：20分　合格点：75点／100点　月　日　点

1 次の古文を読んで、あとの問いに答えなさい。（10点×6）

今はむかし、ここかしこの中間・小者あまた一所に集まりて、をのれをのれが主君のあしき事どもを、たがひに語り出だしてそしる。その家の小者、わが主君のあしき事を語り出ださんと①思ひて、「これの御屋形ほどなはどこにもあるまい。もはや人ではない」。［A］ぢや、といはんとして、うしろ方を見ければ、御屋形殿うしろに②立ちておはしけるを見つけて、「人ではない。」と③いひ直して、「［B］ぢや。」と④語りし。まことにをかしき事ながら、人の後言をばすべていふまじき事なり。孟子のいはく、「⑤人の不善をいはば、まさに後のうれへをいかがすべき。」といへり。

（「浮世物語」より）

＊中間・小者…身分のあまり高くない使用人。
＊あしき事ども…悪いところなど。　＊ほどなは…ほどの人は。
＊おはしける…いらっしゃった。
＊をかしき事ながら…面白いことではあるが。
＊後言…当人のいないところで言う悪口。
＊うれへをいかがすべき…災難をどうすることもできない。

(1) 「たがひに」を現代仮名遣いに直して書きなさい。（　　）

(2) ──①～④の中には、主語がほかとは異なるものが一つある。その番号を答えなさい。（　　）

(3) ［A］・［B］に当てはまる言葉はそれぞれどちらか。次から選び、記号で答えなさい。

ア　仏　　イ　畜生

A（　　）B（　　）

(4) ［A］と言おうとして、［B］と言い直したのはなぜか。適切なものを次から選び、記号で答えなさい。

ア　人の悪口を言うのはよくないと思い直したから。
イ　人の悪口を言うと自分に返ってくると気づいたから。
ウ　悪口を言おうとしている相手がかわいそうだから。
エ　悪口を言おうとしている相手がいることに気づいたから。（　　）

(5) ——⑤「人の不善をいはば、まさに後のうれへをいかがすべき。」とあるが、この言葉に似た意味の言葉を次から一つ選び、記号で答えなさい。

ア　人の不幸は蜜（みつ）の味　　イ　口は災（わざわ）いの元
ウ　人を見たら泥棒（どろぼう）と思え　　エ　口八丁手八丁
（　　）

2 次の書き下し文と漢文を読んで、あとの問いに答えなさい。（10点×4）

【書き下し文】

子曰はく、「①君子は和して同ぜず、②小人（しょうじん）は同じて和せず。」と。

【漢文】

子* 曰ハク、「君*子ハ和*シテ而不レ同*ゼ、小*人ハ同ジテ而不ト和セ。」

（「論語」より）

* 子…先生。ここでは、孔子（こうし）のこと。　* 君子…人格者。
* 和…他者と仲良くする。
* 同…訳もなく賛同する。　* 小人…思慮分別（しりょふんべつ）の足りない人。

(1) 【漢文】の〰〰「小人ハ同ジテ而不ト和セ」に、【書き下し文】の読み方になるように返り点を付けなさい。

（　小　人ハ　同ジテ　而　不ト　和セ　）

(2) 〰〰の中から、読まない字（置き字）を一字書き抜（ぬ）きなさい。 □

(3) ——①「君子」、——②「小人」は、それぞれどのように行動すると述べられているか。簡単に書きなさい。

①（　　）
②（　　）

中1～3 国語読解 解答編 ANSWERS

No.01 指示する語句／接続する語句

1 (1) ウ　(2) イ
(3) 異様なゴージャス感にあふれて
(4) 金ぴかの飾り　(5) ウ

解説　(1)指示する語句は、普通前の部分の内容を指す。ここでも、直前の文の内容を指している。　(2)A直前の段落で述べている「エジプトと日本の美的センスのちがい」について例を挙げて説明を始める部分。したがって「たとえば」が入る。B「ほとんどが家具付きのアパート」であるが、その家具に「なじめない」という流れ。逆接の「しかし」が入る。　(3)前の段落で説明している、家具から受ける感じが、電化製品についても同じだというのである。　(4)妻が買いたいのは、シンプルな（＝飾りなどのない）黒のパンプスなのに、それがない、という内容に続く部分。直接には前文の「金色のライン」や「金ぴかのチョウチョの飾り」を指しているが、それを次の文で「この金ぴかの飾り」と言い換えている。

No.02 段落どうしの関係／段落の要点

1 (1) 本を読むことは、よいことだ。
(2) イ　(3) 3オ　4イ　(4) ウ
(5) 1ほんとうにいい本だ　2家族
3すばらしい

解説　(2)「家庭のなかの書物」に対して、〃家庭の備品でありながら個人にぞくする〃と、「家庭内における書物の特性」について述べている。　(3)3「それはそれでよい」と、2段落の内容を認める言い方をしている。4「しかし」で始まっていることに着目。本について、前まででは「個人にぞくするもの」で「それぞれの世界をたのしめば、それでよい、というべきなのかもしれぬ」と言っているが、4段落では「社会性ももっている」と別（逆）の視点を示している。

No.03 筆者の意見／理由と根拠

1 (1) 完全な否定～考えるから
(2) イ　(3) 拒絶
(4) 相手とのかかわりあい　(5) ウ

解説　(2)2段落で「結構です」を例に挙げたことについて、二つ目の文で説明している。この文の内容に合うのはイ。　(3)――②を含む文が「この場合は」で始まっていることに着目。「この」は直前の「拒絶の意志を表明する際」を指している。　(5)3段落の「結構」の使い分けについての説明を押さえよう。相手のことに使うときは「すばらしい」、自分について使うときは「婉曲な拒絶の意」、とある。

No.04 短歌・俳句を含む文章

1 (1) 例中学生の時の夏休みの午後、母と一緒にパンを焼いた（24字）
(2) 封じ込める
(3) 新しい経験へ向かっての一歩
(4) エ　(5) 真　(6) 記憶閉ざさん

解説　(2)続く段落で「封印」について「捨てるとは言わない。……だから『閉ざす』。」と説明し、さらに「閉ざす」を「封じ込める」と言い換えている。　(3)「踏み出さなければ」という表現に対応する言葉を探そう。　(4)この歌には、人生の新しい段階、新しい経験への一歩を踏み出す「決意」が表れている。　(5)「真夏真昼」が「〈マ〉音が二度」続いている部分。　(6)「閉ざさん」の「ん」は意志を表す文語の助動詞で、母親と共有

ANSWERS

した懐かしい記憶を今こそ「閉ざそう」という強い決意を表している。

No.05 まとめテスト①

1
(1) ①新しいことをするのだったら、学校がいちばん。 ②学校
(2) ウ (3) エ (4) a
(5) 例 自力では飛び上がることができないから。(19字) (6) イ

解説 (2)「ところで」は、「さて」などと同様、それまで述べてきた内容から話題を転換するときに使う接続詞。 (3) 4 段落で学校の生徒をグライダーにたとえた説明をしている理由が読み手にわかるように、5 段落でグライダーの特性を補足説明している。 (4)中心文はその段落の内容の中心をまとめて示している文で、ここでは初めの一文(a)。 (5)――④でグライダーにたとえた言い方で説明しているので、グライダーの場合にならった答え方にする。グライダーにはエンジンはなく、軽飛行機などに引っ張ってもらって浮き上がり滑空する。 (6) 4 段落の初めに転換を表す「ところで」があることに注目。3 段落までが一つのまとまりととらえられる。また、5 段落は 4 段落の補足説明なので、4・5 はひとまとまりと考えられる。したがって、正解はイ。

No.06 まとめテスト②

1
(1) A意見 B事実 (2) 情報の
(3) エ (4) ウ
(5) aア・エ bイ・ウ (6) ウ

解説 (1)実際に「と思う」を入れた場合と入れない場合について、続く部分の具体例を使った説明に沿ってとらえよう。同じ意味になる例は「おもしろい」という意見を表す文。 (2)直前の内容を指す。何の「意味するところが変わって」くるのかという点からも考えて探すとよい。

(3)前の段落で、「意見」のことを「個人的な」と形容している点に注目。 (5)「～と思う」を各文につけて判断しよう。 (6)ウ「事実はそれを描写する人の判断が入ることがある」は、最終段落の、「話をしている」様子の表現のしかたでそこに何らかの「判断」が入ってしまうことは否定できないという主張に合っている。ア「事実であっても意見であっても、必ず受け入れるようにしたほうがよい」とは述べていない。イ「事実よりも、……意見のほうを尊重する場合が多い」という主張はしていない。エ「とらえ方の違い」が「ある人の意見を絶対的なものと考え」られない理由となる、といった主張もしていない。

No.07 まとめテスト③

1
(1) ウ
(2) 時間の流れとともに移り変わる自然
(3) 美は永遠不変である (4) イ
(5) 惜しむ (6) や (7) 1愛惜 2別れ

解説 (3)「西欧世界においては」以下で説明している。 (4)前の段落で挙げた、日本人の「美意識の重要な要素のひとつ」である「失われゆくものに対する愛惜の思い」について具体的な説明を始める段落の冒頭につくので、例示を示す「例えば」が適切。 (6)「切れ字」は詠嘆や強調を表す言葉で、ほかに「ぞ・よ・かな・けり」などがある。 (7) 1最終行の「去り行く春の名残を惜しむ気持ち」を、第一段落では「愛惜の思い」と表現している。2「人の別れ」「別れを惜しむ」などに着目しよう。

No.08 時・場所・登場人物の読み取り

1
(1) 売れ残った (2) ウ (3) イ
(4) 例 売れ残った鮨が傷んではいないかということ。
(5) 格別の美味さ (6) ウ

解説 (1)この場合の「按配」は、物事の具合のこと。柿鮨を七折り欲しいと思ってやって来た新兵衛にとっては、残った鮨があったことは、具合のいいことだ。 (2)「あれ」は、「揺れている売切れ札」のこと。売切れの札が出ているのに二十折りの山を見せられた新兵衛が怪訝そうな顔つきをしているのに気づいた新吉が、本当は売れ残っているのに、売り切れたとその場をうまくごまかして、つまり見栄を張って出している札なのだということを説明している。
(3)・(4)――③の直後の新吉の言葉に目を向ける。「そいつは願ってもないが……」と言ったものの、そのあとの言葉が続かない新兵衛の心の内を察して、その心配を取り除くために言ったのだ。
(6)「売切れ札」の一件や新兵衛たちに自信をもって味見させている点などからとらえよう。

No.09 登場人物の気持ちの読み取り

1 (1) 驚きと疑問 (2) うれしかった
(3) 悪質ないじめ (4) ウ
(5) 足早にうちに帰って (6) イ

解説 (1)――①のときの「ぼく」の思いや状況が次のまとまりに具体的に書いてある。これをまとめて表現しているのが、さらに次のまとまりの一行目にある「驚きと疑問」である。 (2)「ぼくの頭の中は、」で始まるまとまりの、「それよりもただ単純にうれしかった。夢じゃないか、と思ったくらいに。」に注目する。こうした気持ちだったからこそ、――①で、「ぎくしゃく」とはしているものの「うなずいた」のだ。 (5)「足早」は、歩き方がはやい様子を表す言葉。 (6)「尻がむずむずする」という言葉は、その場を離れたくて落ち着かない様子を表す。「さっきのクラスメイトからの言葉」とは、押野からの誘いの言葉のこと。早く空き地に行かなければとあせっているのだ。

No.10 場面の展開の読み取り

1 (1) 仮眠所となるその学校
(2) 学校の明かり (3) イ
(4) とにかく (5) ウ

解説 (1)今貴子たちが目指しているものをとらえる。仮眠所となる学校の「明かり」に対して、学校の姿をその明かりを発している「本体」と言っている。 (2)目指す仮眠所となる学校は坂の上にあり、まだその姿は見えていない。しかし学校の明かりによって、前方に広がっている景色の上の方、つまり坂の上の学校の辺りが白く見えるのだ。 (3)(2)からわかるように、みんなには、終点である学校の明かりが見えているのだ。しかし、なかなか近づけない現実にいら立っている。 (5)それぞれ、□のすぐあとに続く内容が手がかりになる。Aは、各文の言い方、Bは最後の文の「だから、あと少しだけ我慢してくれ。」などに注目しよう。

No.11 気持ちの変化の読み取り

1 (1) 例実際、寂しくてしかたなかったが、口に出したことで余計にみじめに感じてしまったから。
(2) 無頓着さが、たまらなく嫌
(3) 何言うてんの
(4) 例奈緒先輩の家が、寮生とほとんど変わらないくらい、学校と近かったこと。
(5) 一緒に帰れるよう・待って (6) イ

解説 (1)――①に続いている部分の内容をまとめる。「みじめに感じ」た理由も入れるようにしよう。 (2)ノリコ先輩が話しかけてきた言葉は、2行目の「綾香ちゃん、……寂しいんちゃう」。7行目の「こんなこと」は、この言葉を指している。 (3)「わかるわぁ、うち」と言っている先輩には、自宅生の奈緒先輩がいるじゃないかというのが、「私」の思いだ。 (4)「学校のまん

前が自宅」の奈緒先輩では、ノリコ先輩は、すぐに一人になってしまうわけだ。 (6)「無頓着」だと思っていた先輩が、かつては自分と同じ思いをしていたということがわかったこと、思いやりの言葉をかけてくれる優しさなどに、心が熱くなっているのだ。

No.12 筆者の体験・事実の読み取り

❶ (1) 雪の重さ・折れたり、裂けたり
(2) 要するに (3) イ (4) 人の心・枝
(5) 例 人の心が大きくしなり、曲がり、屈している
(6) 折れることなく耐え続ける

解説 (2)——②に続く段落で説明しているが、「答えに当たる」なので最終文にしぼる。 (3)この段落に繰り返し出てくる「しなう」に結び付くものを選ぶ。「しなやか(＝弾力があり柔らかに曲がる様子)」に受けとめるからこそ「しなう」わけだ。 (4)終わりから三つ目の段落から、「人の心」がしなう(萎える)ことについて述べているが、続く部分の内容が、それまで挙げてきた「枝」の性質に「人の心」を当てはめていることをとらえよう。 (6)『萎えた心』『ウツウツたる気分』を抱えて」とはどういう状態か、その内容について、筆者は二つ前の段落で述べている。

No.13 まとめテスト④

❶ (1) 織物に対する気持ち・反映
(2) イ (3) 容易ならざるもの
(4) 人間 (5) エ

解説 (1)——①についての清助の質問に対する娘の言葉の内容に注目する。 (2)——②の直後の一文が、「……からだ。」という理由を表す言い方になっている。「意外と深い真実性」の内容を知るためにはじっくり聞く必要がある。これに合うのはイ。 (3)「容易ならざるもの」は、ここでは、そう簡単には解決できそうもない、という意味。 (4)□を含む娘たちの言葉の中の「みんな」「こっち」に当たるものが何かをとらえよう。機械を動かすのが本来の「人間」の仕事のはずなのに、今の状況だと人間が機械に動かされていると言いたいのだ。 (5)「学者商人といわれ」ていることや娘たちへの対応の様子に合うのはエ。

No.14 まとめテスト⑤

❶ (1) ウ (2) その駅で
(3) 恥ずかしがり屋 (4) 父の後ろ姿
(5) 照れくさくて・恥ずかしくて(順不同)
(6) イ

解説 (1)□に続いている「逃げるような感じで」と自然に結び付くのは、「元気なくその場を立ち去る様子」を表すウ。 (2)——①の直後の文と間違えやすいので注意。この一文は、——①の理由を表している。 (4)「次の駅」で降りたとばかり思っていた父の姿を見つけて驚いたのだ。 (5)——②の直前の「それで」は理由を表す言葉。この言葉の前までの内容に注目しよう。 (6)前書きの「家でもあまり話をすることがないので、声をかけなかった」からわかるように、「僕」は父とは距離を置いている。その父の思いがけない行動とそのときの心情を察して、素直な気持ちになれたのだろう。

No.15 まとめテスト⑥

❶ (1) 例・一日目の疲れが残っていること。・寝坊で走れる時間が短くなっていること。(順不同)
(2) 北斗はじっと (3) 冒険 (4) ウ
(5) ㋐再チャレンジ ㋑例 もっとしっかり準備し、絶対走りきれるくらい鍛えること。

解説 (1)——①のすぐ前までの内容。文末を

「……こと。」にするのを忘れないこと。 (2)二つ目のまとまりの一文目に注目。「だからだろうか。」は、直前の段落の内容を理由にしてあとに続けることを表している。 (3)「不穏」は、今にも悪いことが起こりそうで穏やかでないこと。今の北斗にとって悪いことは何かをとらえる。(4)次に続く昇平の言葉の内容に合うのはウ。(5)㋑「具体的にどうすること」なので、「態勢を立て直すこと。」では不十分。

No.16 まとめテスト⑦

❶ (1) ウ (2) 日々、卵を
(3) 自分の手の動き
(4) いつもの素っ気ない態度
(5) 例苦労の末やっと完成した出汁巻きを父が認めてくれたから。(27字)
(6) 真剣勝負

解説 (1)「安直」は気軽な様子を表す言葉。ここでは「失敗すれば次を作ればよい」という深く考えない行動を指している。 (2)「真剣勝負とならざるをえなかった」ために「身の引き締まる」気持ちになったのだ。 (4)——②のあとに父の行動の様子が具体的に描かれているが、それを最後のまとまりで十一字でまとめている。(5)「小躍り」は、うれしくておどり上がること。(6)一つ目のまとまりの「一日ひとつと限定されて」からの筆者の様子に着目してとらえよう。

No.17 詩

❶ (1) この川のおわりはどこ?
(2) 15・16(順不同) (3) エ
(4) 体言止め (5) ① ウ ② イ
(6) 空の川

解説 (3)あとの12〜14行目に注目。「堤防」「波」「かもめ」からやがて海に行き着いたことがわかる。 (4)行の終わりを名詞(体言)で止めることで印象を強める表現技法である。このほか、15・16行目も体言止め。17行目も名詞で終わっているが、次の18行目に続いている。 (5)①ア「直喩」は「ような」「みたいだ」などを使ってたとえる比喩。イ「隠喩」は「ような」などを使わないでたとえる比喩。ウ「擬人法」は人間でないものを人間にたとえて表現する比喩。「波」が「かみつく」と表現していることから判断する。(6)海から雲が噴き上がり、その雲の峰をさかのぼるように川が空に帰っていくことを、最終行で「空の川」と表現していることに注目。

No.18 短歌・俳句

❶ (1) C (2) B (3) B
(4) A(九十九里の)磯行く人ら・蟻
C向日葵・少年のふる帽子
(5) D

❷ (1) A晩稲・秋 B麦の秋・夏
C桜・春 D雪・冬
(2) や・かな(順不同) (3) イ
(4) ①自由律俳句 ②無季俳句

解説 ❶(1)C以外は字余りの俳句。A第三句が六音に、B第四・五句が八音に、D第一句が六音になっている。 (3)B「音すなり(音がしている)」と第三句で切れている。 (4)「ごとし(〜のようだ)」と直喩を使って、A九十九里の磯を歩く人々の様子、C向日葵の様子を表現している。 (5)枯れ野を踏んで帰ってきた我が子を抱き寄せたとき、何かわからないものまで抱き寄せたような感覚に陥ったことを詠んでいる。
❷(1)B麦の収穫を迎える季節は夏だが、麦の穂が黄金色に輝いていることを「麦の秋」と表現している。「秋」という言葉につられて季節を秋だと勘違いしないように注意。 (3)雪の降り始めなので、まだ「もののかたち」がわかる程度に雪が積もっている様子を詠んでいる。「嘆く気持ち」は読み取れないので、ウは誤り。

No.19 古文の基礎知識

❶ (1) おわす (2) こおり (3) いろり
(4) しずく (5) つえ (6) どうぐ

❷ (1) いうべきようなし
(2) まどいてがんたてけり
(3) おりからのおもいかけぬここちして

❸ (1) イ (2) ウ (3) ア

❹ (1) ①イ ②ウ
(2) ㋐係り結び(の法則)
㋑係りの助詞

❺ (1) が (2) を・を (3) を

解説 ❶・❷歴史的仮名遣い(かなづかい)の読み方の原則をおさえておく。❶(6)「だうぐ」のように「au」は「ô」と読む。❷(2)「ぐわん」の「ぐわ」は「が」と読む。

❸(2)「おもしろく(面白し)」には、現代語と同じ「おかしい」の意味もあるが、ここでは「かきつばた(花)」の咲(さ)く様子に対して述べているので、「趣深(おもむき)い・風流だ」の意味であることをとらえる。

❹係りの助詞「ぞ」のほか「なむ・や・か」の結びの語は連体形、「こそ」の結びの語は已然(いぜん)形である。「ぞ」も「こそ」も強調の意味の係りの助詞なので、現代語訳するときには訳さなくてもよい。

No.20 古文(主語・指し示す言葉)

❶ (1) a むかい b おおやけ
(2) は(が) (3) ③ (4) 親に孝する者
(5) エ (6) イ (7) ㋐ぞ ㋑ける

解説 (3)――③のみ、主語は「南の風」。
(5)══B「かくのごとく」は前の内容のすべてを受けている。「親に孝する者」がどのように生活していたかという様子をまとめたエが適切。
(6)前の一文の内容を正しくとらえる。朝廷(ちょうてい)が「親に孝する者」の評判を聞いて、大臣に任命して召(め)し使われたということ。「親に孝する者」が大臣に任命されて「鄭大尉(ていたいい)」と呼ばれるようになったのである。

現代語訳 今は昔、親に孝行する者がいた。朝夕に木を切って、親を養う。(その)孝養の心は、天にいる神に通じた。(神の助けを得たので)梶(かじ)もない舟(ふね)に乗って、向かいの島に行くと、朝には南の風が吹(ふ)いて、北の島に吹きつけた。夕方には、また舟に木を切って積んでいると、北の風が吹いて、家まで吹きつけ(て運んでくれ)た。このようにして過ごすうちに、長い年月が過ぎて、朝廷でもこのことをお聞きになって、大臣に任命して、召し使われた。その名を鄭大尉といった。

No.21 和歌・古典俳句

❶ (1) A あかねさす
B 多摩川にさらす手作り
(2) C イ D ウ
(3) ①人の心 ②㋎梅の花
(4) ①風の音 ②秋が来た (5) ア

❷ (1) A 蛙・春
B 天の川・秋
C 菜の花・春
D 五月雨・夏
E 名月・秋
F 年の暮れ・冬
(2) E・F(順不同)
(3) ①イ ②ウ ③ア

解説 ❶(1)枕詞(まくらことば)とはある言葉を導き出す、特定の主に五音の言葉。和歌を口語訳する場合、普通(ふつう)は訳さない。序詞(じょことば)とは、ある言葉や句を導き出すための六音以上の言葉。あとにくる言葉や句は決まっておらず、作者が自由に創作する。和歌を口語訳する場合には訳す。 (2)C「心も知らず」と否定の言い切りの形で、D「柳(やなぎ)かげ」と名詞(体言)で切れている。 (3)②「梅の香」「花の香」などでも正解。 (4)目でははっきりわからなかった秋の訪れが、風の音でわかったという感動をうたっている。

❷(1)B「天の川」の季節を夏と間違えないように注意。季語の季節は旧暦によっており、現代の季節感と少しずれている場合がある。(2)A～Dでは、「や」という切れ字が意味の切れ目を表している。

No.22 まとめテスト⑧

❶(1)a おかしゅう　b ふるうこえ
c あわれがりて
(2)①ア　②ア　③イ
(3)㋐は(が)　㋑エ
(4)㋐なむ　㋑ける

解説 (2)――①「見て」で高忠(越前守)が見たものは、「いみじく不合なりける侍(＝この侍)」が「物のつきたるやうにふるふ」様子。――②「いふに」は、「この侍」に「何を題にて仕るべきぞ」と言われたことに対して高忠が答えたもの。――③「とりて」は、命じられて歌を詠んだ侍が、高忠とその妻に褒められ、褒美として与えられた着物を取ったということである。(3)㋑「この侍」が詰め所に褒美の着物を持って帰ったので、ほかの侍たちがなぜ持っているのかと尋ねたのである。

現代語訳 今は昔、高忠といわれた越前守の時代に、たいそう貧しかった侍で、夜も昼も誠実な侍が、冬になっても帷一枚だけを着ていた。雪がたいそう降る日に、この侍が掃除をしようとして、(あまりの寒さに)何かにとりつかれたように震えるのを(高忠が)見て、(越前)守は「歌を詠め。趣深く降る雪だなあ。」と言うと、この侍は、「何を題にしてお詠みしましょうか。」と申したので、(高忠は)「裸である(重ねて着る着物を持っていない)事情を言って詠め。」と言うと、(侍は)間もなく震える声を張り上げ詠み上げる。

　裸である私の身に降りかかる白雪はいくら震えて振り払っても消えないことです

と詠んだところ、(越前)守はたいそう褒めて、(自分が)着ていた着物を脱いで(この侍に)与えた。守の妻も心を動かされて、薄紫色の着物で、たいそうよい香りがする着物を与えたので、(この侍は)二つとも取って、丸め込んで、脇に挟んで立ち去った。詰め所に行ったところ、居並んでいる(このほかの)侍たちが、驚き不審がって(この侍に理由を)尋ねたところ、このこと(歌を詠んだ経緯)を聞いて、驚くほど感心した。

No.23 故事成語

❶(1)A 先ヅ成ル者飲レマン酒ヲ
B 終ニ亡二フ其ノ酒ヲ一
(2)①酒　②蛇
(3)㊀蛇の足(蛇に描き加えようとした足)
(4)ウ　(5)ウ

解説 (1)Aレ点は下の一字からすぐ上の一字に返ることを示す。B一・二点は下の一字から二字以上隔てた字に返ることを示す。(4)最初に蛇を描き終えた者は、さらに足を加えようとして終わらなかったので、二番目に描き終えた者が酒を手にしたのである。(5)「蛇足」は「余計なもの。なくてもよいもの。」という意味。ア・イ・エは「蛇足」をよい結果を表す意味で使っているので不適切。

現代語訳 中国の楚の国に祭りをつかさどる者がいた。その者の門人に大きなさかずきに入った酒を与えた。門人たちが話し合って言うことには、「数人でこの酒を飲むならば足りず、一人でこれを飲むなら余るだろう。地面に蛇の絵を描いて、最初に仕上げた者が酒を飲むのはどうだろうか。」と。一人の蛇が、まず仕上がった。(そこで、その者は手元に)酒を引き寄せて今にも飲もうとする。そこで左手にさかずきを持ち、右手で蛇を描いて言うことには、「私はこれに足を描くこともできる。」と。まだ仕上がらないでいるところ、一人の蛇が仕上がった。そのさかずきを奪って言うことには、「蛇には初めから足はない。君はどうしてこれに足を描くことができるのか。」と。その結果、(二番目に蛇を仕上げた者が)その酒を飲んだ。蛇の足を描いた者は、とうとうその酒を飲み損なった。

No.24 漢詩

❶ (1) イ (2) 深・心・金・簪
(3) A 感レ 時 花 濺レ 涙
B 家 書 抵ル 万 金ニ
(4) 一・二(順不同) (5) ウ

解説 (1)四句から成る詩を絶句、八句から成る詩を律詩といい、一句が五字のものは五言、一句が七字のものを七言という。 (2)五言律詩では第二・四・六・八句末に押韻を用いるというきまりがある。 (5)かんざしが挿せないほど白髪が抜けて短くなってしまったことから読み取れることを考える。ア「願い」、イ「決意」、エ「強く訴えたい」などといった前向きな気持ちではないことに注意。

現代語訳 首都(長安)は破壊されても、山や河は以前のまま存在している。／戦争で破壊された長安の街の中は春になり、草木が青々と茂っている。／戦争の絶えない時世に悲しみを感じては、心和むはずの花を見ても涙を流し、／(家族との)別れを恨んでは、楽しいはずの鳥の鳴き声を聞いても心が乱される。／戦争ののろしは三か月の間上がり続け、／家族からの手紙は大金に値するほど貴重だ。／白髪だらけの頭を掻くと抜けてさらに短くなり、／もはやかんざしで冠を留めるのも難しくなりそうだ。

No.25 論語

❶ (1) 学ビテ 而 時ニ 習フレ 之ヲ
(2) 学びて思はざれば (3) 置き字
(4) ①例学んだこと
②例遠方から来た友人
(5) ㋐ウ ㋑君子 (6) ④イ ⑤ア

解説 (4)それぞれ——の前の部分を受けて「うれしい」「楽しい」と述べていることを押さえる。 (5)㋐注釈の内容「自分の学問を認めてもらえず、重要な地位に取り立ててもらえない」に注目して考える。 (6)「学ぶ」とは「学問をする・知識を得る」こと。「思ふ」とは「自分自身で考えて思索する」こと。

現代語訳 A先生がおっしゃるには、「教わったことを繰り返し復習するのは、なんとうれしいことではないか。友人が遠くから訪ねて来て(学問の話をすることは)、なんと楽しいことではないか。世間の人々が自分の学問を理解してくれず、重要な地位に取り立てられなくても不満はもたない、それでこそ君子ではないか。」と。

B先生がおっしゃるには、「学問をする(知識を得る)ばかりで思索することがなければ、物事の道理は明らかにならない。思索するばかりで学問をすることがなければ、独断に陥り危険である。」と。

No.26 総復習テスト①

❶ (1) 里山 (2) ア
(3) 徹底した自然・徹底した人工(順不同)
(4) 6 (5) せめぎあい
(6) 予見できる
(7) 自然を追い

解説 (1)直前の文の主語「里山は」を繰り返すのを避けるため、「それは」と指示語を使って言い換えている。 (2)4段落冒頭で、3段落で示した「人間は人工物を徹底的に発達させ、その利便さを享受している」という状況について、「よい」「人間の偉大さ」と一応認めている。しかし、「……あるのだが」と逆接で続けている点に注意。状況を認めたうえで、その状況に人々が「一抹の不安をも感じている」とし、人間の行動に対し「両極端の間をさ迷っているのではない

だろうか？」という筆者の考えを提示している。アが正解。イ状況に対する「反対意見」ではない。ウ「具体例」は示していない。エ「新たな話題」ではない。　(3)「極端」という表現に合う事柄を前の部分から探そう。[4]段落の前までで話題にしているのは、[2]段落では「地球上で(の)徹底した自然」、[3]段落では「人間は人工物を徹底的に発達させ」ているということ。この二つについては[1]段落でも挙げている。六字という条件があるので[1]段落の言葉を使って解答する。
(4)ここで挙げている文章の三つ目の文に「そこで人間は自分のまわりを管理する。」とある点に注目。人間がまわりを管理している具体的な状況を示しているのは[6]段落である。　(5)[1]・[5]段落でも繰り返されている、筆者の「里山」についての定義で用いられている「せめぎあい」が当てはまる。また、[5]段落の「里山が自然と人間のせめぎあいの産物」に注目すると、「産物」が、□のあとに続く「の結果として生まれた」に対応していることがわかる。　(6)[8]段落の最後の一文で「その危険の多くは……予見できる」と述べている。　(7)「ではなかろうか」という考えを表す文末表現に着目しよう。

No.27 総復習テスト②

❶ (1) たがいに　(2) ②　(3) A イ　B ア
(4) エ　(5) イ

❷ (1) 小　人　同　而　不レ　和
(2) 而
(3) ①例他者と仲良くするが、訳もなく賛同しない。
②例訳もなく賛同するが、他者と仲良くはしない。

解説　❶(2)――①・③・④の主語は「その家の小者」、②の主語は「御屋形殿」である。「立ちておはしける」の「おはしける」は「〜していらっしゃる」という尊敬語であることから判断するとよい。　(3)・(4)悪口を言おうとしたら、当人がそばにいることに気づいたという笑い話であることをとらえる。

❷(2)置き字には、「而」のほか「於・于・焉」などがある。　(3)「君子」と「小人」とでは、「和す」と「同ず」が入れ替わっていることをとらえる。

現代語訳　❶今は昔、あちこちの身分のあまり高くない使用人がたくさん一か所に集まって、それぞれが主君の悪いところなどを互いに語り出して非難していた。その家の小者が、自分の主君の悪いことを語り出そうと思って、「自分の御屋形ほど(ひどいもの)はどこにもあるまい。もはや人ではない。」畜生(けだもの)だ、と言おうとして、後ろを見ると、御屋形殿が後ろに立っていらっしゃったのを見つけて、「人ではない。」と言い直して、「仏だ。」と語った。本当に面白いことではあるけれども、当人がいないところで言う悪口は、すべて言うべきことではない。(中国の思想家である)孟子が言うことには、「人のよくないところを言うとしたら、その後の災難をどうすることもできない。」と言った。

❷先生がおっしゃるには、「人格者は他者と仲良くするが訳もなく賛同はしない。思慮分別の足りない人は訳もなく賛同はするが他者と仲良くはしない。」と。